문학과지성 시인선 106

그 나라 하늘빛

마종기 시집

문학과지성사

문학과지성사에서 펴낸 마종기의 시집

안 보이는 사랑의 나라(1980)
모여서 사는 것이 어디 갈대들뿐이랴(1986)
이슬의 눈(1997)
마종기 시전집(1999)
새들의 꿈에서는 나무 냄새가 난다(2002)
보이는 것을 바라는 것은 희망이 아니므로(2004, 시선집)
우리는 서로 부르고 있는 것일까(2006)
하늘의 맨살(2010)
마흔두 개의 초록(2015)
천사의 탄식(2020)

문학과지성 시인선 106
그 나라 하늘빛

초판 1쇄 발행 1991년 10월 30일
초판 5쇄 발행 1993년 9월 5일
재판 1쇄 발행 1994년 10월 10일
재판 9쇄 발행 2017년 6월 30일
3판 1쇄 발행 2022년 10월 26일

지은이 마종기
펴낸이 이광호
펴낸곳 ㈜문학과지성사
등록번호 제1993-000098호
주　　소 04034 서울 마포구 잔다리로7길 18(서교동 377-20)
전　　화 02)338-7224
팩　　스 02)323-4180(편집) 02)338-7221(영업)
전자우편 moonji@moonji.com
홈페이지 www.moonji.com

ⓒ 마종기, 1991, 1994, 2022. Printed in Seoul, Korea

ISBN 978-89-320-0513-3 02810

이 책의 판권은 지은이와 ㈜문학과지성사에 있습니다.
양측의 서면 동의 없는 무단 전재 및 복제를 금합니다.

문학과지성 시인선 106
그 나라 하늘빛

마종기

시인의 말

이 시집은 1986년 가을에 나온 『모여서 사는 것이 어디 갈대들뿐이랴』 이후, 만 5년 동안 고국에서 발표되었던 시들을 모은 것이다. 그리고 80년대 초 알 수 없는 이유로 검열에 걸려, 그때 시집에 빠졌던 두 편도 여기에 보탰다.

고국을 오래 떠나 외지에서 엉거주춤 살고 있는 내게, 작품을 쓸 수 있도록 용기를 북돋아주고 또 작품을 여러모로 아껴준 친구들에게, 이 시집으로 인사를 대신하고 싶다. 시집 출판을 서둘러준 김병익의 한결같은 우정에도 다시 한번 감사하면서……

1991년 가을
미국 오하이오주에서
마종기

그 나라 하늘빛

차례

시인의 말

I. 바다의 얼굴
난蘭   9
그림 그리기 4   10
꽃의 이유   12
일시 귀국   13
강원도의 돌   14
옷 벗는 나무   15
중앙아프리카의 가을   16
유태인의 목관악기   17
아내의 잠   18
경학원 자리   19
성회聖灰 수요일   21
스칸디나비아의 음악   23
며루치는 국물만 내고 끝장인가   24
우리나라의 등대   25
외로운 아들   26
바다의 얼굴   31
밤 노래 5   33
다시 만나기   35
충청도 구름   36

II. 자유주의자

자유주의자   43

갈대의 피   44

새벽 산책   45

그림 그리기 5   47

중년의 질병   49

요즈음의 건강법   52

변명   56

늦가을 바다   57

무너지는 새   59

밤의 사중주   61

산 안에 또 산이   64

비 오는 날   65

무용 8   66

겨울 기도 1   67

겨울 기도 2   68

떠다니는 노래   70

빈센트의 추억   71

III. 일기, 넋 놓고 살기

물빛 1   81

물빛 2   82

여름 편지   84

우화의 강 1   86

우화의 강 2   88

밤 노래 6   90

항구에서   92

일기, 넋 놓고 살기   93

아시시의 감나무　　100
방 1　　103
방 2　　104
영희네 집　　105
서울 가로수　　108
다리 위의 풍경　　111
북해　　115
그 나라 하늘빛　　116

해설
투명한 시의 깊은 말·김병익　　120

I. 바다의 얼굴

난蘭

친구가 생일 선물로 놓고 간
양란洋蘭을 우연히 본다.
갈색이든가, 청색이든가,
어제도 우연히 보이고
내일도 우연히 보인다.

작은 꽃, 큰 꽃, 고운 꽃,
귀여운 꽃, 탐스러운 꽃, 가녀린 꽃 중에서
색깔과 향기와 모양과 표정을 풀고
서 있는 꽃, 앉아 있는 꽃.
그 많은 전생의 기억 속에서도
언제부터 이렇게 혼자 있는 꽃.

볼수록 더 조용해지는 꽃.
자기도, 나도, 그 사이도 조용해지는
세상의 모든 잊혀짐.
몇 달쯤 그 꽃잎에 누워
편안하고 긴 잠을 자고 싶은 꽃.

그림 그리기 4

1

한 그루 나무를 그린다. 외롭겠지만
마침내 혼자 살기로 결심한 나무.
지난여름은 시끄러웠다. 이제는
몇 개의 빈 새집을 장식처럼 매달고
이해 없는 빗소리에 귀 기울이는 나무.
어둠 속에서는 아직도 뜬소문처럼
사방의 새들이 날아가고, 유혹이여.
눈물 그치지 않는 한세상의 유혹이여.

2

요즈음에는 내 나이 또래의 나무에게
관심이 많이 간다.
큰 가지가 잘려도
오랫동안 느끼지 못하고
잠시 눈을 주는 산간의 바람도

지나간 후에야 가슴이 서늘해온다.
인연의 나뭇잎 모두 날리고 난 후
반백색 그 높은 가지 끝으로
소리치며 소리치며 가리키는 것은 무엇인가.

꽃의 이유

꽃이 피는 이유를
전에는 몰랐다.
꽃이 필 적마다 꽃나무 전체가
작게 떠는 것도 몰랐다.

사랑해본 적이 있는가,
누가 물어보면 어쩔까.

꽃이 지는 이유도
전에는 몰랐다.
꽃이 질 적마다 나무 주위에는
잠에서 깨어나는
물 젖은 바람 소리.

일시 귀국

일시 귀국을 할 때마다
마음이 초라해진다.
옛 친구가 다정히 맞아주면
목메이게 초라해진다.
초라해져서 온몸이 근지럽다.
그러나 그럴는지도 모른다.
아무 데서고 너무 오래 살면
초라해져서 근지러울까.
그런 모습 감추기보다는
있는 대로 사는 것이 편하다.
나이 들수록 편해지고 싶다.
그래서 일시 귀국을 하면
나는 바다처럼 편하다.

강원도의 돌

나는 수석을 전연 모르지만
참 이쁘더군,
강원도의 돌.
골짜기마다 안개 같은 물 냄새
매일을 그 물소리로 귀를 닦는
강원도의 그 돌들,
참, 이쁘더군.

세상의 멀고 가까움이 무슨 상관이리.
물속에 누워서 한 백 년,
하늘이나 보면서 구름이나 배우고
돌 같은 눈으로
세상을 보고 싶더군.

참, 이쁘더군,
말끔한 고국의 고운 이마,
십일월에 떠난 강원도의 돌.

옷 벗는 나무

왕이여,
당신의 슬픔은 유전이다.
사방에서 눈치 보며 숨죽이는
당신의 아까운 겨레들,
숨죽이고 몸 흔드는 겨레의 눈들,
아무리 타일러도 옷 벗고 나서는 나무들.

왕이여,
높은 산 주위에는
낮은 나무들 허리 굽혀 살고
낮은 산 둔덕에서
크고 곧은 나무가 허리 펴고 산다.
당신의 슬픔은 유전이다.
천천히 넘어지는 무리의 나무들.
아무리 가지 쳐서 불태워도
한세월의 어두운 왕도王道의 하늘.

중앙아프리카의 가을

중앙아프리카 정도에서는
터놓고 만날 수 있겠지.
땅도 하늘도 붙어 사는 그곳에는
글 모르는 토인들도 살고 있다니까.
골수에 사무치는 국수주의자들도
눈총의 몰매를 잠시 쉴 수 있겠지.

초점 없이 희미하게 서 있는 가을이여,
우리들의 어리석고 부끄러운 삶이
어찌 중앙아프리카의 토인들 때문이랴만
폭력과 원한이 멋대로 판치는 땅에
아무도 막을 수 없는 평화의 두 손이여,
중앙아프리카에도 가을이 온다는 말이 들린다.

유태인의 목관악기

하여튼 사람이 사람을
죽이는 것은 반대다.

반대편에는 오보에를 부는 친구가
지금 각광받고 있지만
나는 군중 속에 숨어 있다.

숨어 다니는 목관악기 소리는
사랑보다 달지만
우리들의 고전은
머리부터 풀고 칼부터 물지.

자주 깨는 겨울밤,
잠 속의 친구의 결심.

아내의 잠

한밤에 문득 잠 깨어
옆에 누운 이십 년 동안의 아내,
작게 우는 잠꼬대를 듣는다.
간간이 신음 소리도 들린다.
불을 켜지 않은 세상이 더 잘 보인다.

멀리서 들으면 우리들 사는 소리가
결국 모두 신음 소리인지도 모르지.
어차피 혼자일 수밖에 없는 것,
그것 알게 된 것이 무슨 대수랴만,
잠 속에서 작게 우는 법을 배우는 아내여,
마침내 깊어지는 당신의 내력이여.

경학원 자리

경학원經學院 자리, 마른 소나무에 동여매고 애매한 동장 아저씨를 총살시켰지. 눈을 뜬 채 이마에서 피가 뻗더군. 사람이 사람을 죽이는 것을 처음 지켜본 국민학교 육학년, 육이오사변 때였지만.

구이팔수복 전날 밤, 사방에서 불길이 큰 산같이 오르는데 경학원 자리, 숨겨둔 쌀가마를 훔치러 갔지. 도망하고 뒹굴어 죽고 총 쏘는 아귀 사이에서, 부대 자루에 쌀을 넣고 도망쳤었어. 우리는 하도 굶었으니까.

몇 해 피란 갔다가 돌아왔을 때, 경학원 자리. 그대로 앙상한 소나무를 깔아놓은 채 있고, 조금은 춥고 무서웠지만, 눈 오는 밤을 혼자 걸으면서 사랑하려고 했지. 세상 모든 것을 사랑하는 것만이 좋은 시인이 되는 길인 줄 믿고 있었지.

엉성한 시인, 엉성한 의사가 된 뒤에도 가끔 찾아간 경학원 자리. 메마르고 헐벗고 먼지 덮였지만 내 어린 땀방울이 뛰는 것 보면 마음 가라앉더니, 이제 그나마 외지 생활의 먼 나그네 되어 가끔 꿈속에서 만나면, 오너라, 오너라 하던 정겨운 소리 점점 멀리 들리고, 베개 적시는 꿈 깨어난 한밤중, 다시 한번 눈여겨보는 경학원 자리.

성회聖灰 수요일

1

오늘은 더 많은 것들이
더 가깝게 보인다.
높고 낮음이 보이지 않는 사람들,
노래도 간간이 들린다.
방 안의 정물들이 하나씩 눈을 뜨고
어깨를 기대는 모습이 정답다.

옆에서 보면 당신의 감추어진
맑은 눈물이 보이고
위에서 보면 한 떼의 새들이겠지.
몸속에 숨어 사는 새들
날갯죽지의 많은 내 상처도 보인다.

서로 손을 잡는다. 눈을 감는다.
보이지 않던 당신의 아픔이 보인다.
잡은 손들이 모여 새로운 세상을 만들고
그 속에 잠긴 모든 몸이 따뜻해진다.

이 땅의 하루가 원만해지기 시작한다.

2

내 눈물은
슬픔이 넘쳐 흘러나오는 것 아니고
내 눈물은
한 맺힌 천 리 밖의 하늘이 아니고
내 눈물은
서리 찬 결단의 돌에서 솟는 것 아니고
내 눈물은, 방울마다
고마운 마음이 숨어 있게 하소서.
설사 영롱한 방울이 되지 못해도
단순하고 지극한 물이게 하소서.

스칸디나비아의 음악

한국 여자가 우는 것을 보았지.
스칸디나비아의 음악을 들으면서
고국을 모르는 여자는 울었지.

스칸디나비아의 음악은 휘발성이 강하지만
검은 머리를 길렀다 잘랐다 하면서
남자의 성욕도 길렀다 잘랐다 하면서
동양식 그림자를 이불처럼 덮고 자는
남쪽 항구를 향해 살고 있는 여자.

치욕은 치욕으로 알고 있으면 되는군.
어두울 때의 밀물처럼,
배를 타고 떠돌다 멈춘
바닷가의 여자는 잘 뻗은 다리로 말했지.

왼쪽 팔이 다시 저려오는군.
한번 꺾인 꽃은 추워야 오래 사는 법이래.
핑계처럼 자꾸 떨기만 하는 여자.
항구를 떠난 후에도 들리는
소문의 작은 숨소리.

며루치는 국물만 내고 끝장인가

(아내는 맛있게 끓는 국물에서 며루치를
하나씩 집어내 버렸다. 국물을 다 낸 며루치는
버려야지요. 볼썽도 없고 맛도 없으니까요.)
며루치는 국물만 내고 끝장인가.

뜨겁게 끓던 그 어려운 시대에도
며루치는 곳곳에서 온몸을 던졌다.
(며루치는 비명을 쳤겠지. 뜨겁다고,
숨차다고, 아프다고, 어둡다고. 떼거리로
잡혀 생으로 말려서 온몸이 여위고
비틀어진 며루치 떼의 비명을 들으면.)

시원하고 맛있는 국물을 마시면서
이제는 쓸려나간 며루치를 기억하자.
(남해의 연한 물살, 싱싱하게 헤엄치던
은빛 비늘의 젊은 며루치 떼를 생각하자.
드디어 그 긴 겨울도 지나고 있다.)

우리나라의 등대

누가 우리나라의 등대를 만들까.
세상은 오늘도 가늠하기 어렵고
죽기 아니면 살기, 살기 아니면 다시 시작하기.
잔잔히 속삭이던 바다는 처음부터 없었지만
누가 우리나라의 큰 등대를 만들어
좁고 험한 바닷길을 밝게 보여줄까.
진흙을 모아 벽돌을 굽는 몇 사람이 보인다.
그 벽돌을 나르는 몇 사람과 몇 사람.
설계를 마친 몇 사람과 벽돌 쌓는 몇 사람 사이
파도가 쳐 와도 일손 쉬지 않는 몇 사람이 보인다.
높은 층계를 끝까지 올라가서 그 하늘 가까이
달덩이만 한 조명등을 사면에 달면
보인다, 환하게 서 있는 우리나라 강산.
그때면 벽돌 반쪽이 되어 이끼를 덮어쓴들
우리가 무엇을 억울해하랴.
흥겨운 장구 소리, 꽹과리 소리 들리는 바다,
온 나라의 땀과 눈물이 춤춘다.
누가 우리나라의 환한 등대를 만들까.
그때면 굴 껍데기가 되어 물결에 흔들린들
우리가 그 어느 바다를 두려워하랴.

외로운 아들

1

아비는 코리아에서 대학을 나오고
스물 몇 살, 의학 연구랍시고 미국에 왔지.
결혼을 하고 행사처럼 네가 난 거지.
너는 송아지 노래도, 나비야 노래도 잘하더니
학교에 들어가자 일 년도 못 되어 한국말을 끝내버렸어.
친구들 못 알아듣는 말에 한동안 당황해하더니.

국민학교, 중학교, 고등학교 중에
아비는 왔다 갔다 한글 학교도 만들고
한글 교사를 초빙해 고개도 많이 숙였지만
너는 뜻도 모르고 읽고, 외마디 소리나 할 뿐,
네 할아버지가 쓰신 동화 한 편은커녕
이 아비의 못난 시 한 줄도 이해 못 하면서
학교에서는 인기 있고 똑똑한 동양계 미국인.

고등학교 졸업 때는 이 아비도 자랑스러웠지.
천여 명 학생과 학부형의 극장 무대에서

졸업생 답사를 읽으면서 농담까지 지껄이고
난데없이 학교 밴드는 아리랑을 연주해주고
학부형들 몰려와 축하의 악수와 포옹을 할 때
처음으로 동양인이 이 학교의 일등이라는 말.
텔레비전에도 며칠씩 나와 경사가 났다는 말.

2

그렇게 가보고 싶다던 네 뿌리의 고국 방문,
아비가 주선한 졸업 선물의 긴 여행이었지.
그 한철 고국에서 열심히 한글을 배우고
한국의 역사에도 흥미가 많아졌다며
자랑스럽게 처음 보는 고국에 감격해하더니
석 달 만에 너는 풀 죽은 배추가 되어 돌아왔지.
얼굴의 상처보다 마음에 난 상처가 더 컸겠지.
데모의 뜻도 모르고 최루탄 연기만 피해 다니다가
데모에 참석하지 않는 놈은 사내도 아니라고
자기 나라 말도 제대로 모르는 놈은 바보 놈이라고

너만 한 대학생에게 욕먹고 돌팔매를 맞은 후
멋쩍게 웃는 네 외로움을 어떻게 달랠 수 있겠니.

민중의 노동자가 아니면 매판자본가가 쉽게 되는 시대,
돌팔매질에 앞장서야 광이 나는 한 판과
최루탄 수없이 쏘아대는 딴 극단의 한 판,
그 사이에 보이는 어려운 방정식의 날들을,
고국의 어려운 곡예의 높이를 내가 뭘 알겠니.
너는 그래서 속한 곳이 없는 것을 알게 되었지.
때때로 자랑스럽고 좋아서 미치는 조국,
미우면 돌팔매질하고 눈물도 흘리는 조국,
그런 감정의 조국이 없다는 것을 알게 되었구나.
대학에 가서는 동양계 학생과 더욱 친해지고
숨어서는 한글 교과서를 열심히 읽는 얼굴,
아비에게 들켜서는 가늘게 웃는 상처의 얼굴.

3

아들아, 너는 오늘도 떠나는구나.
무한정의 하늘을 향해 떠나는구나.
날아라, 피터 팬같이 밤에는 별 사이를 지나서
서로 헐뜯지 않고, 서로 칭찬하는 나라,
끼리끼리 좋아하는 이론의 나라가 아니고
너그러운 나라, 따뜻한 마음의 나라를 보아라.
비가 억수로 퍼붓는 밤에도, 언제나
꿈의 피터 팬은 날을 수 있어야 한다.
겨울의 창밖도 보아라, 네 나라가 보인다.

춥고 어둡고 지쳐서 기운이 다 빠지면
그래, 이 아비가 비밀 하나를 가르쳐주마.
아비가 어릴 적 가슴 조이며 주저하기만 하던
부드럽고 착하던 명륜동, 혜화동의 처녀들,
창신동이든 창천동이든, 나도 모르는 강남의 어디든
그 처녀들 이제 다 시집가서 풍성히 키우는 딸들,
그렇게 잘 자라는 처녀를 꼭 하나 잡도록 해라.

애걸을 해서라도, 평생을 지내자고 해라,
같은 핏줄이라는 게, 풍습이라는 게, 그게 참, 무언지.
그래야 네 눈에 보이는 외로움을 우선 가시게 된다.
그러나 나라보다 더 크고, 넓고, 푸른 곳이라며
하늘을 향해 다시 날아오르는 외로운 새처럼.

바다의 얼굴

바다가 희게 일어선다.
몇 번이고 일어서서 고함치며 달려 나와
일상의 생활에서 탈출하려는
바다의 끝없는 몸부림의 힘
그래서 바다의 얼굴은 젊겠지.

늙은 바다는 중심으로 간다.
나이가 들면 안정이 제일이지
움직이는 세상에서 움직이지 않으면
어지러워 분간이 서지 않는다.
그 어지러움을 착각이라 믿으면서
안정제를 찾아 먹는 늙은 바다.

용기 있는 바다가 앞에 나선다.
한꺼번에 쓸려나가는 물의 무너짐,
그래서 바다의 얼굴은 파도겠지.
잭슨 폴록의 회색빛 무지개가 서고
파도가 지나간 땅은 단단하고 평화롭다.
이제는 혼자라고 말하지 않아도 된다.

다시 만 개로 부서지는 그대의 꿈,
그 살결에 붙어 있는 바다의 많은 상처들.

밤 노래 5

신경을 너무 쓴 건가.
혈압이 오르는 건가, 글쎄.
꼭두새벽까지 잠은 오지 않고
베개 밑의 어디, 아니면 온 방 안에서
삼십 몇 년 전 대구 반야월골
무진장 사과나무의 매미 소리만 들리네.

그럼 아무래도 죽을 때는 심장마비일까.
외국의 전차 정거장 근처에서 가슴을 쥐고
오래 찾아 헤매던 사람을 그제야 알아보고
쓰러진 전찻길에는 꽃 한 송이도 없고—
그건 소설책이었지. 그리고 소련 땅.

어디서고 세상 사는 일은 그런 거겠지.
소련이든, 미국이든, 경상북도든
깃발 휘날릴 것도 없고, 주눅 들 것도 없고
하던 일 끝내지 못하기는 모두 마찬가지니까.

가깝게 흑인 영가가 들린다, 미국이로군.

매미 소리 섞인 흑인 영가가 꺼져간다.
머핼리아 잭슨밖에 모르기는 하지만
나 역시 캄캄한 고아처럼 느껴지는구나.

느껴지는구나, 지는구나, 한 남자가 지는구나.
밤새 쏘다니던 한 마리 짐승이 지는구나.
미명은 말없이 창문을 열고
아직도 다 버리지 못한 욕계欲界의 윤곽에서.

다시 만나기

장식 없는 촛대, 열 개의 손가락 끝이
빨갛게 달아오르기 시작한다.
그 불꽃이 상식의 긴 잠을 깨운다.
지상의 소리가 뜻있는 말이 되어 들린다.
속도 빠른 구름이 방을 스쳐가고
바람도 몇 개씩 보이기 시작한다.
언젠가 나도 그런 바람을 본 적이 있다.

그대가 외로워 보이던 것은
내가 외로웠던 탓이었겠지만
그보다 귀한 것이 과연 무엇이랴.
오늘은 세상 것을 모두 주고 나서
가볍게 떠다니는 노래가 되고 싶다.
간단한 기쁨이 되고 싶다.

별것 없어 보이는 앞길도 차츰 어둡고
열 개의 손가락이 방 안을 밝힌다.
구름이 다시 보이고, 네 바람이 보이고
순한 겨울밤의 별의 창밖,
긴 여행에서 돌아오는 기억의 발소리가 들리고.

충청도 구름
──김병익에게

1

천안의 안安 시인이 사진 보내주어서 보았지.
지난번 너랑 충청도를 여행하면서 찍은 것.
삽교천 둑 위에서 너는 담뱃불을 붙이고
나는 넋 나간 놈같이 반쯤 입을 벌렸는데
사실 그 사진의 대부분은 하늘이었어.
그 하늘에 몇 개씩 뜬 충청도의 구름들,
구름 한 개에 다 들어가 눕도록 우리는 작았지.
사진 속 구름에게까지 신경 쓰는 것은
내가 외국에 살기 때문이라고 웃겠지만
나는 왜 그 사진을 오래 보고 있었을까.
한참 보다가 마침내 내가 사진에서 지워지고
담뱃불 붙이던 너도 지워지고, 주위도 지워지고
온통 여유 있게 피어 있는 충청도 구름만 가득 찼었지.
나중에는 그 구름도, 아무것도 안 보이기는 했지만.

2

충청도 구름의 기억이 오래 남아 있는 이유는
사실 그 사진의 엄청 허망한 구도이기도 했지만
그때 네가 준 『부드러움의 힘』이라는 책을 보면서
부드러움이 힘이 될 수도 있구나 하는 발견,
떠다니는 구름도 힘이 될 수 있구나 하는 발견.
나도 부드러운 사람이 되고 싶다는 희망,
나도 충청도의 한적한 구름이 되고 싶다는 희망.
뭐 이런 평범한 연상의 결과이기도 했지만
요즈음 날 좋은 날 시간이 있으면, 외국에서도
자주 고개를 들고 구름을 보는 버릇이 생겼다.
천천히 고개를 들어, 보고, 또 보고 하지만
그래서 결국은 또 네 담배나 얼굴은 물론
구름도 하늘도 사진도 다 지워져버리고 말기는 하지만.
충청도 구름과 미국 구름이 다른 이유는 무엇일까.

3

일 년짜리 교환교수로 미국에 혼자 온 황동규는
지겨운 일 년을 다 채우지 않고 떠나는 것이 좋아
의기양양하게 내 앞에서 날개를 닦기 시작하고
고국으로 떠나기 전날에는 술 몇 잔을 놓고
구라파 여행을 더 해보라고 내게 권했다.
(자기는 영원한 떠돌이라고 선언했지만, 모를 거야.
미국이나, 영국이나, 불란서나, 독일이나
무슨 유명한 광장이나, 미술관이나, 공원이나, 음식도
내게는 다 엇비슷하고 어색한 외국일 뿐.
충청도 구름만 눈에 보이는 혼쭐 빠진 떠돌이는, 바로
나야)
충청도 구름과 미국 구름이 다른 이유는 무엇일까.

다음 날, 귀국하는 동규는 네 이름과 고국을 부르면서
챔피언같이 내게 두 팔을 흔들어 보였다.
멀리 이륙하는 비행기의 폭음 옆에서
구름 한 개 싱겁게 웃고 있었다. 싱거운 미국 구름!

그렇다면 충청도 구름은 짭짤해서 다른 것인가.
충청도 사람은 많이 울었을 테니 짭짤할 수도 있겠지.
그렇구나, 나는 구름의 과학자구나.
문득 충청도 구름 맛이 내 입에 흘러들고 있었다.

II. 자유주의자

자유주의자

 불란서 영화였던가. 아무것에도 얽매이지 않는 자유를 찾아 헤매던 처녀는 예뻤다. 몸과 마음이 모두 자유롭기 위해 등짐을 지고 떠난 처녀는, 사상에서도, 사회에서도, 직장에서도, 가정에서도, 공부에서도, 친구에게서도 벗어나려고, 끝까지 혼자 헤매다가 마침내 완전한 자유를 가슴에 넘치게 안고 웃었다. 그리고 완전무결한 자유의 추위와 배고픔으로 겨울의 어느 들판에서 얼어 죽었다. 나도 한때는 거기서 얼어 죽고 싶었다.

 불을 꺼버린 들꽃의 얼굴이 몇 개 보였다.
 죽은 후에도 날리는 긴 머리카락의 신음,
 입고 있던 마지막 옷과 장식을 풀어 날린다.
 그대 떠나가는 들판의 의심스런 어두움.

갈대의 피

내가 갈대를 좋아하는 이유는
죽은 듯 살아 있고
살아 있는 듯 몸을 흔들며
죽어 있기 때문이겠지.

죽고 사는 것이 같이 잘 섞여서
죽은 갈대가 산 것과 같이 노래하고
산 갈대가 죽은 갈대를 안고 춤추네.

평생 동안 한눈만 팔고 살면서
몸에서 떨어져나가는 것 다 가게 하고
손 흔들어 보내면서 웃고 있네.

아끼기 때문에 말도 하지 못하고
팔목 한번, 어깨 한번 만지지도 않는구나.
만지고 싶어라, 날아가는 흰 갈대꽃!
매일 흘리는 피도 아무에게 보이지 않네.

새벽 산책

아들아, 새벽의 아들아,
새벽에 보면 바다는 없고
물기 없는 물소리만 들리고
고개 들어 새벽하늘을 보면
하늘은 다 어느새 흩어져버리고
우리들의 인연만 남아 있구나.

돌아가는 발소리에 새삼 놀라느니
새벽이 몰고 오는 새로운 풍경을
어찌 피하면서 무서워만 하리.
내일은 내가 땅이 되고 네가 그 위에 서서
네 식솔과 함께 팔을 걷어 올리고
곡식도 과일도 땀 흘려 거둘 것이니
새벽안개 위를 걸어가는 은은함이여.

아들아, 새벽의 희미한 아들아,
아무것도 밑진 것 없고 억울한 것 없다.
나는 곧, 잘 어울리는 새벽안개가 되어
걷는지 나는지 분간할 수 없는 길섶에 서리니

빈자리에 남아 있는 쓸모없는 꽃밭이나 노래나
내가 오래 아끼던 안쓰러움 몇 개도 네가 보아라.

그림 그리기 5

그리던 나무를 아무래도 지워야겠다.

혼자서 멀리 떠나야만
길고 편한 잠 이룰 수 있는 것 알면서
땅에 떨어지기 싫어하는
낙엽이 있다면 어쩌겠냐.

바람은 밤낮으로 거칠게 불어대고
겨울이 되기 전에 땅이 되어야 하는
약속의 시간을 어긴다면 어쩌겠냐.
언제 우리 마음을 완전히 풀어놓고
언제 인연의 수갑을 두 팔에서 풀어놓고
정신없이 밀린 잠을 잘 수 있으랴.

마지막 날의 그림을 그린다.
마무리하던 나무를 지우고, 그 위에
모든 색깔을 다 지우고,
짧고 간단한 향기를 그린다.

편안하다는 것은 결국 무엇일까.
우리가 다시 만날 때는
나무 옆에 서 있는 향기가 되겠지.
여기 있다고 말할 것도 없고
생각도 없이, 만질 것도 없이
밤낮으로 보고만 있으면 편안하지 않겠냐.

지나간 날들의 많은 영혼이 돌아오면
우리들의 빈집을 그냥 내어주고
가방 가득히 들고 다니던 사랑도
우리들 긴 잠 속에 놓고 오면 되겠지.

중년의 질병

1. 꽃

해 늦은 저녁, 병원 뜰에서
꽃에게 말을 거는 사람을 본다.
조용히 건네는 말의 품위가
깨끗하고 거침이 없다.
나도 말을 먼저 했어야 했다.
꽃 하나의 대답을 듣고 고개를 끄덕이고
부끄러워 얼굴을 붉히는 사람.
꽃에게 말하는 이의 길고 추운 그림자,
저녁의 꽃은 춥고 아름답다.

2. 새

비 오는 날에는, 알겠지만
대부분의 새들은 그냥 비를 맞는다.
하루 종일 비 오면 하루 종일 맞고
비가 심하게 내리는 날에는

대부분의 새들은 말을 하지 않는다.
대부분의 새들은 눈을 감는다.

말을 하지 않는 당신의 눈의 그늘,
그 사이로 내리는 어둡고 섭섭한 비,
나도 당신처럼 젖은 적이 있었다.
다시 돌아서고 돌아서고 했지만
표정 죽인 장님이 된 적이 있었다.

3. 시

하루를 더 살면 그만큼 때가 묻고
한 해를 더 살면 그만큼 때가 더 는다.
매일처럼 목욕하고 때를 벗겨내는
친구의 피부는 새롭고 밝다.
내 시를 보면 왜
때만 많이 만져질까.
때를 씻고 지우다 보면

지운 자국이 매끄럽지 않다.
그러나 나는 때가 많은 시,
때 묻은 것이 나 같구나, 하면서
친구처럼 피 나도록 씻지 못한다.

요즈음의 건강법

한국의 시인이라고 기를 쓰는 내가
외국에 오래 사는 것도 참 꼴불견인데
의사랍시고 며칠 전 피검사를 하니까
내 핏속에 기름이 둥둥 떠다닌다네.
아마 내가 개같이 욕심이 많은 탓이겠지.
남의 차지까지 다 빼앗아 쥐고
그 기름을 줄줄 마셔댄 모양이지.

자식들이 아직 어린데 혹시 죽기라도 할까 봐
집에서는 갑자기 달걀도 걷어 가고
쇠기름도, 돼지고기도 다 걷어 가지만,
내 건강, 내 섭생이야, 내가 알지.
암, 내가 의사인데, 내가 알지.

강원도 원주군, 아니면 명주군 이십 리 밖,
경상도 논두렁 건너, 실개천 근처쯤,
꽃이라도 갈아서 병원 한 칸 차려놓고
병이야 원래부터 하느님이 고치시는 것,
나는 옆에서 조수 노릇이나 하다가

석양 녘 출출해질 때면 슬그머니 일어나
허름한 술집에 들러 소주 한 병을 까고
아, 기우는 해, 그네 탄 기분으로 흔들리면서
오래 못 들었던 노랫가락 흥얼대보면
아무리 독한 욕심의 기름인들 당할까 보냐.
그 기름 다 토해내서 기름진 땅을 만드는 거지.

내가 의사라니까, 내 건강이야 내가 알지.
세월이 아무리 지났다고 해도 고국에서라면
죽은 것도 산 것이고, 산 것도 다 산 것이려니
젠장, 그때면 죽고 살고가 또 무슨 문제랴.
땅 위에서건, 땅 밑에서건 또 좌우지간
슴슴한 산에서 슴슴한 나물도 캐어 먹고
다음 날을 단단히 약속 안 해도
어김없이 고국의 해는 솟아나오렷다.
아, 다음 날도 다음 날도 고국에 있었구나.
네 눈이 정다운 약이고 네 말이 바로 신명이다.

암, 기름 빼는 법은 내가 알지.

피란 시절 부산 부둣가, 시꺼먼 기름 바다,
내 피가 어느새 검게 기름을 먹은 모양이지.
기름은 몸 안에서 몸을 튀기는구나.
비린내 나는 자갈치 시장이 그리워지더라니
비 오는 날에도 잘 보이는 부둣가의 불빛,
자꾸 우는 파도 소리를 온 얼굴에 뒤집어쓰고
소금 냄새 절은 우동집, 뜨거운 국물을 마시면
기름이야 기분처럼 낮은 하늘로 올라가고
나는 부끄러워 눈물이 쏟아지겠지.
할 수 없다, 파도 소리에 부끄러워져도 할 수 없다.
자식들이 아직 어려도 눈물은 할 수 없다.

목이 아프다. 서양의 큰 키들을 당해내려고
젊은 날 내내 목을 뺀 탓이겠지.
목이 아프면 목에도, 머리에도 기름이 고인대.
눈에도 기름이 고여 세상이 희미하게 보이는군.
그래도 내 건강법은 내가 알지, 글쎄, 의사라니까.
옛날 친구들 졸라 어디 조용한 산간에 가서
봄 아지랑이 속에 묻혀 며칠만 몸 녹이면 된다.

가을이라면, 보일 듯 말 듯한 코스모스 판에 들어가
너도나도 함께 은근히 목을 흔들어대면 된다.
물론이지, 눈도 밝아지고 머리도 깨끗해지지.
암, 그래야 결국에는 꽃이 되든 물이 되든 하겠지.
암, 그래야 내가 구름이 되든 안개가 되든 하겠지.

변명

흐르는 물은
외롭지 않은 줄 알았다.
어깨를 들썩이며 몸을 흔들며
예식의 춤과 노래로 빛나던 물길,
사는 것은 이런 것이라고 말했다지만
가볍게 보아온 세상의 흐름과 가벼림.
오늘에야 내가 물이 되어
물의 얼굴을 보게 되다니.

그러나 흐르는 물만으로는 다 대답할 수 없구나.
엉뚱한 도시의 한쪽을 가로질러
길 이름도 방향도 모르는 채 흘러가느니
헤어지고 만나고 다시 헤어지는 우리.

물이 낮은 곳으로 흐르는 마음도 알 것 같으다.
밤새 깨어 있는 물의 신호등,
끝내지 않는 물의 말소리도 알 것 같으다.

늦가을 바다

우리들의 평화가 가깝게 다가와서
형제들의 물살과 서로 섞이는구나.
엉기고 뒹굴면서 하나가 되는구나.
물살 되어서 결국 보이지 말거라.
수심이 보이지 않는 당신을 어루만진다.

문득 지나간 날의 흰 파도 한 개,
우리들의 몸도 이렇게 만나서 부딪치면
당신도 몸 사리지 못하고 꽃이 되겠지.
그 꽃 피어나는 몸짓이 되겠지.

어느 틈에 벌써 어두워지는 바다,
사면이 좁아서 내 눈이 새삼 밝아지고
더 이상 파도 소리 들리지 않아서
두 귀는 더 맑아지는구나.

어깨를 숙이는 올해의 마지막 가을,
너를 놓아두어라, 아무도 없는 내 저녁 근처,
흔들리는 연옥의 부끄러운 두 손,

너를 놓아두어라, 빈 바다의 복판에
희미한 네 얼굴이 멀어지고 있다.

무너지는 새

가을이 되면 새들은 모두
함께 무리 져서 날기 시작한다.
끼리끼리 같은 방향으로
노래도 같은 곡조를 부르기 시작한다.
(자기 무게를 모르는 새들만
높이 날 수가 있다고 했지.)

한 떼의 새가 몰려온 적이 있었다.
건강한 날개의 노래를 부르면서
어울려 소주를 마시면서 살자고 했다.
나는 과학같이 정확하고 싶었다.
(가을이 되기 전에 내가 떠났다.)

그 후에 가을이 되면 나는 하늘을 본다.
하늘을 보면 언제나 다 보인다.
한 떼의 새가 날아간 자리에
혼자 있구나, 하고 써 있는 게 보인다.
(혼자 있으면 생각이 많아지지.
많으면 날 수가 없지.)

혼자 있구나. 나도 모르는 탈바가지 쓰고
어지럼증에 시달리는 톱니바퀴의 평생,
날개에 묻은 많은 흔적을 씻을 수가 없다.

이승의 무게를 버리려고 무너지는 새.

밤의 사중주

1

문이 잠겨 있지 않느냐.
당신이 꽃이라면
나는 꽃의 남편이 되겠다.
웃는 얼굴로 한 계절 보낸 후
당신이 시들어 고개를 내릴 때
나이 든 전신을 다시 적시는.

죽은 꽃들이 조용히 손잡고 지나간다.
남편들이 머뭇대며 그 뒤를 따라간다.
스물 몇 살의 꽃이 한겨울에 피어난다.
꽃 피는 소리만 들린다.

2

문 열어라, 에미야.
빈집의 문을 두드리는 오랜 불면증,

잠 속의 의심은 내 허기증.
흉흉한 소문이 도시를 덮을 때
날지 못하는 새가 되어 목이 메인다.
유태인 수용소의 시체 더미 위의 밤,
작곡가는 마지막 날의 음악을 쓰고
육이오 때는 병원 뒤뜰에 높이 쌓인 시체들,
사람이 사람을 죽이는 외마디 음악이 들린다.
밤마다 억울한 시체는 썩으면서 울었다.

3

밤에는 바람의 색깔이 달라진다.
눈 덮인 들판의 과거가 아득히
우리들의 마음에서 모두 걷히고
돌보지 않던 땅이 바다가 된다.
모래들은 모여서 밀리고 뒹굴면서
오래오래 소리치는 땅 위의 흔적.
겨울의 바다처럼 살을 찢어서

떠나는 항구의 불빛을 보아라.
반가워라, 에미야. 문이 열린다.

산 안에 또 산이

산 안에 또 산이 하나 있구나.
눈앞에 보이는 산 안에
숨어 사는 산이 있으니
산에 오르면 싱싱하게
산이 하는 말을 들을 수 있구나.
거칠은 산의 피부 안에
깊고 부드러운 산 냄새.

물 안에 물이 없으면
우리들이 물 안에 보일 리도 없겠지.
바다에 혼자 나가서도
멀리서 오는 말을 들을 수가 없겠지.

그러니 내 속에 내가 있는 것도 할 수 없겠지.
내 속에 숨어 사는 나보다 작은 목숨,
조용하면 들리는 말소리의 혼.

비 오는 날

구름이 구름을 만나면
큰 소리를 내듯이
아, 하고 나도 모르게 소리치면서
그렇게 만나고 싶다, 당신을.

구름이 구름을 갑자기 만나면
환한 불을 일시에 켜듯이
나도 당신을 만나서
잃어버린 내 길을 다시 찾고 싶다.

비가 부르는 노래의 높고 낮음을
나는 같이 따라 부를 수가 없지만
비는 비끼리 만나야 서로 젖는다고
당신은 눈부시게 내게 알려준다.

무용 8

안토니 튜도의 안무가 어둡다.
오래전 백조의 호수 근처에서
군무에 섞여 있던 어린 새,
새의 누이동생은 재혼하고
짝이 맞지 않는 호수의 물살,
물살의 시야가 어둡다.

조명은 침묵처럼 변하지 않고
토슈즈를 신은 발이 가늘게 떤다.
아직도 두 손을 따라가고 있는 눈,
누이동생의 눈 밑이 무거워진다.

우리의 일상은 무대의 배경이다.
안경을 고쳐 써도 날씨는 바뀌지 않고
안토니 튜도의 안무가 흐려진다.
경사진 무대의 불안정,
누가 포기하지 않는다고 소리친다.
나도 포기하지 않는다고 소리친다.
아무도 없는 무대가 살아서 일어선다.

겨울 기도 1

하느님, 추워하며 살게 하소서.
이불이 얇은 자의 시린 마음을
잊지 않게 하시고
돌아갈 수 있는 몇 평의 방을
고마워하게 하소서.

겨울에 살게 하소서.
여름의 열기 후에 낙엽으로 날리는
한정 없는 미련을 잠재우시고
쌓인 눈 속에 편히 잠들 수 있는
당신의 긴 뜻을 알게 하소서.

겨울 기도 2

1

이 겨울에도 채워주소서.
며칠째 눈 오는 소리로 마음을 채워
손 내밀면 멀리 있는 약속도 느끼게 하시고
무너지고 일어서는 소리도 듣게 하소서.
떠난 자들도 당신의 무릎에 기대어
포근하게 긴 잠을 자게 하소서.
왜 깨어 있지 않았느냐고 꾸짖지 마시고
당신에게 교만한 자도 살피소서.
어리석게 실속만 차리는 꿈속에서도
당신의 아픔은 당하지 않게 하소서.
겨울의 하느님은 참 편안하구나.

2

내가 눈물을 닦으면
당신은 웃고 있다.

당신은 언제까지나
슬픔 속의 노래다.
노래 속의 기쁨이다.
벌판에서 혼자 떨던 나무도
저 멀리 다음 해까지
옷 벗어던지고 혼절해버렸구나.
내가 아는 하느님은 편안하구나.

떠다니는 노래

허둥대며 지나가는 출근길에서
가로수 하나를 점찍어두었다가
저문 어느 날 그 나무 위에
새 둥지 하나를 만들어놓아야지.
살다가 어지럽고 힘겨울 때면
가벼운 새가 되어 쉬어 가야지.
옆에 사는 새들이 놀라지 않게
몸짓도 없애고 소리도 죽이고,
떠다니는 영혼이 알은척하면
그 추운 마음도 쉬어 가게 해야지.

둥지의 문을 열어놓고 무엇을 할까.
얼굴에 묻어 있는 바람이나 씻어줄까.
조건을 달지 않으면 모두가 가볍군.
우리들의 난감한 사연도 쉽게 만나서
당신 속에 들어가 잠을 청해도
이제는 아프지도 않은지 웃고 있구나.

빈센트의 추억

1. 겨울의 신부

보고 싶은 동생아,
겨울은 참으로
살기가 힘들다.

내 몸의 창문은
모두 얼어붙어서
그리운 풍경은 보이지 않고
어둡고 습기 찬 길마저
움직이지 않는구나.

극진한 사랑은, 아마,
사람의 추위 속에서
완성된다.

만삭이 된 여자 거지와
신혼살림을 차린,
빈센트 반 고흐의 결심이

우리를 떠나지 않는다.
그 뒤에는 눈이 내리고

이름 모를 눈송이 몇 개는
정신도 차리지 못한 채
이제는 서로 같이 껴안고 마는구나.

2. 바람의 색깔

내 그림에서 너는 바람을 보느냐.
바람을 지우면 나는 죽은 꽃이다.

나는 꽃 속에다 집을 짓겠다.
그 꽃이 잘 익어 잠이 깰 때쯤,
바람은 길을 떠나면서 손을 흔든다.
테오야, 세월은 계시다.

겨울이 오기 전에 전해야겠다.

숨 가쁘게 살아온 어울리지 않는 내 생업이
언제쯤 잔가지 끝에 열매로 보이리니
그 과육을 씹으면서, 동생아,
이 세상 바람의 쓰고 단 맛을 다 맛볼 수 있겠느냐.

그러니 나는 부자다.
나는 생시를 바람으로 바꾸면서 살아왔다.
이제는 더 돈을 부칠 필요가 없다.
나는 내 목숨이 많은 바람이 되어
빛나는 기쁨으로 세상에 퍼지는 것을 본다.

3. 중국인 빈센트

누가 빈센트를 죽였나.
  (이십대의 중국계 청년 빈센트는 자동차 도시 디트로이트의 어느 술집에서, 난데없이 내리치는 백인의 몽둥이에 머리가 으깨져 죽었다. 자동차 회사에서 해고를 당한 후부터, 동양인은 다 죽여야 한다고 주정을 자주 했다지. 싼 임

금으로 만든 동양의 자동차가 수입되어서 자기가 밀려난 거라며, 일본 차를 까듯 술김에 한 방 쳤지.)

누가 빈센트를 죽였나.
(재판정에서 백인 재판장은 술김의 실수니까, 특별히 용서를 한다고 가벼운 징역 이 년 형을 내리고, 얼마 있다가 살인한 백인을 무죄 석방시켰다.)

누가 빈센트를 죽였나.
(우리는 데모를 하고, 공정한 재판을 하라, 동양 사람 차별이다, 고함을 치다가, 모두들 비켜 지나가는, 눈 내리는 도시 한복판에서 고함을 치다가, 보이지 않는 겨울 하늘을 향해 주먹을 던지다가, 지쳐서 돌아오는 내 얼굴, 아직도 뜨겁게 달아 있더군.)

누가 오래된 빈센트를 죽였나.
(테오야, 궁색하게 남의 나라에 와 살면서 공연히 억울해하는 내가 우습지? 누가 미국에서 살라고 했냐고 말해주고 싶지? 그래, 네 말이 다 맞다. 그러나 너도 한번 뒤돌아

보아라. 피부색보다 더 연한 정치색이 다르다고, 아직도 사람이 사람을 패서 죽이고 있다. 물통에 머리도 쑤셔 박고 있다.)

누가 오래된 우리의 빈센트를 죽였나.

4. 추억의 자유

테오야, 나는 완전한 자유인이고 싶었다.
그래서 나는 젊은 날에 길을 떠났다.
자유인은 외로울 수밖에 없는 것을 알았다.
자유의 이름을 부를 때 나는 혼자였다.

테오야. 자유는 내게 유일한 가능성이었다.
자유인은 간섭하지 않고 구속되지 않는다.
나는 더 이상 수갑을 차고 싶지 않았다.
나는 누구의 이름도 부르지 않았다.

핑계는 대지 않겠다.
요즈음은 해가 한꺼번에 열 개도 보인다.
몇 개의 해가 몸 흔들면서 말하는 소리도 들린다.
철창문 사이로 보이는 넓은 들판의 전체가
낮에도 밤에도 쉴 새 없이 날아다닌다.
신명 나는 춤이 내 몸을 뜨겁게 달군다.
너에게도 보여주고 싶다.
하늘이 줄줄이 들판에 내려오고
나무와 들풀과 구름이 서로 몸을 감아대며 운다.

테오야. 내 말을 잘 들어다오.
어쩌면 나는 고향에 돌아가지 못할 것 같다.
정신병원의 무너지는 건물이 나를 붙잡고 놓지 않는다.
나도 고향에서 너와 함께 한 번쯤 살고 싶었다.

감자를 깎던 고향 사람들이 그립다.
그러나 나는 완전한 홀란드의 구호가 낯설고
휘두르는 정의의 각목도, 단호한 함성도,
내가 혼자 익혀온 열병 같은 춤과는 바꿀 수가 없다.

테오야, 내가 가는 길은 아직도 멀고 힘들다.
나는 자주 저 소리치는 풀숲에 섞이고 싶다.
저 숲에서 드디어 내 조용한 저녁을 맞고 싶다.
끝없이 꿈을 꾸면서 쉬고 싶다.
자유의 진한 냄새가 또 나를 오라고 부른다.

III. 일기, 넋 놓고 살기

물빛 1

내가 죽어서 물이 된다는 것을 생각하면 가끔 쓸쓸해집니다. 산골짝 도랑물에 섞여 흘러내릴 때, 그 작은 물소리를 들으면서 누가 내 목소리를 알아들을까요. 냇물에 섞인 나는 물이 되었다고 해도 처음에는 깨끗하지 않겠지요. 흐르면서 또 흐르면서, 생전에 지은 죄를 조금씩 씻어내고, 생전에 맺혀 있던 여한도 씻어내고, 외로웠던 저녁, 슬펐던 앙금들을 한 개씩 씻어내다 보면, 결국에는 욕심 다 벗은 깨끗한 물이 될까요. 정말 깨끗한 물이 될 수 있다면 그때는 내가 당신을 부르겠습니다. 당신은 그 물 속에 당신을 비춰 보여주세요. 내 목소리를 귀담아들어 주세요. 나는 허황스러운 몸짓을 털어버리고 웃으면서, 당신과 오래 같이 살고 싶었다고 고백하겠습니다. 당신은 그제야 처음으로 내 온몸과 마음을 함께 가지게 될 것입니다. 누가 누구를 송두리째 가진다는 뜻을 알 것 같습니까. 부디 당신은 그 물을 떠서 손도 씻고 목도 축이세요. 당신의 피곤했던 한세월의 목마름도 조금은 가셔지겠지요. 그러면 나는 당신의 몸 안에서 당신이 될 것입니다. 그리고 나는 내가 죽어서 물이 된 것이 전연 쓸쓸한 일이 아닌 것을 비로소 알게 될 것입니다.

물빛 2

이제는 기다리지 않아도 되리.
베드로는 중동의 강물 위를 걷다가
갑자기 풍랑이 무서워 물에 빠졌는데
나는 벌써부터 그 물에 다 젖은 채
하루 만에 마음 약한 사탄이 되기도 하고.
하늘 위의 물빛, 먼 나라의 물빛.

아니면, 십 년 전 돌아가신 우리 최 신부님,
서울 용산구 반 평짜리 무덤에 누워 계신
신부님 옆에 남아 있는 색깔 없는 가난.
돌아가실 때까지 읽으신 「시편」들이 일어나
이제야 나를 시원하고 부끄럽게 하네.
신부님의 물빛, 어릴 적의 물빛.

─오, 내 나이 어릴 때/내 입은 가볍고
　　바다 위에 떠놀기/나 참 원했네.
　　지금 남천 바라볼 때/늘 들리는 것은

고개를 많이 넘고 나서야 내가 찾은 뚜나,

하느님의 도시는 언제나 물 위에 떠 있고
신부님의 노래도 내 물 위에 떠 있고
중동의 풍랑이 몰아치는 생시의 밤낮
신부님의 「시편」을 읽는 내 작은 뚜나.
내 눈의 물빛, 다시 찾은 물빛.

여름 편지

무모한 여름이여.
꽃들은 여기저기서
책임도 지지 못할
임신을 하고,
풀도, 나무도, 나도
여름이면 도둑처럼
지붕 위로 올라갔었다.

지붕 위의 하늘은
몇 개쯤이었던가.
애매한 맹세를 은근히
사방에 흘리면서
날개 빠른 새가 되어
사방을 들뜨게 했다.
아, 정말 들뜨게 했다.
모든 약속이 아름답게
향기처럼 우리를 울렸다.

궁색한 여름이여.

우리가 믿은 하늘은
구름처럼 희고
트럼펫 소리는 높고 낮게
춤을 추었다.
그리고 우리는 잤다.
잠 속에 내린 소낙비가
여름을 적시고
피부에 남은 물기가
차갑게 외면할 때까지
우리는 바람을 타고 있었다.

파랑새도 굴뚝새도
돌아가야 할 길은
가르쳐주지 않았다.
우리는 그해부터
늙기 시작했다.

우화의 강 1

사람이 사람을 만나 서로 좋아하면
두 사람 사이에 물길이 튼다.
한쪽이 슬퍼지면 친구도 가슴이 메이고
기뻐서 출렁거리면 그 물살은 밝게 빛나서
친구의 웃음소리가 강물의 끝에서도 들린다.

처음 열린 물길은 짧고 어색해서
서로 물을 보내고 자주 섞여야겠지만
한세상 유장한 정성의 물길이 흔할 수야 없겠지.
넘치지도 마르지도 않는 수려한 강물이 흔할 수야 없겠지.

긴말 전하지 않아도 미리 물살로 알아듣고
몇 해쯤 만나지 못해도 밤잠이 어렵지 않은 강,
아무려면 큰 강이 아무 의미도 없이 흐르고 있으랴.
세상에서 사람을 만나 오래 좋아하는 것이
죽고 사는 일처럼 쉽고 가벼울 수 있으랴.

큰 강의 시작과 끝은 어차피 알 수 없는 일이지만

물길을 항상 맑게 고집하는 사람과 친하고 싶다.
내 혼이 잠잘 때 그대가 나를 지켜보아주고
그대를 생각할 때면 언제나 싱싱한 강물이 보이는
시원하고 고운 사람을 친하고 싶다.

우화의 강 2
─ 황동규에게

싸구려 유행가처럼 흥얼거려온
체코 나라 스메타나의 「몰다우강」이
오늘은 강물이 되어 몸을 적신다.
외국에 오래 나와 살던 작곡가는 귀가 멀고
늙고 그리운 고향 노래가 나를 적신다.

동구라파의 수도 프라하를 가로지르는 노래.
「몰다우강」, 혹은 블타바강은 엘베로 합치고
한강은 서울을 거쳐 서해로 합치고
교향시곡 「내 조국」 중에서도 빠른 물결이
안개 자욱한 이 나라의 새벽을 깨우고 있다.

촌놈 같은 작곡가는 외국에서만 대접받고
제 나라에 돌아오면 언제나 외면당했다지.
19세기였지만, 멀리 떨어져 살아보지 않고는
「내 조국」이라는 제목을 선뜻 붙이기는 힘들었겠지.
고구려와 신라와 백제 사람들의 혼령을
전철 타고 출근하는 친구들에게 보여주려면
맑은 계곡을 거쳐 수석을 다듬어내는 손길로
그 강의 이름을 불러줄밖에 없겠지.

중학교 때 같이 휘파람 불던 친구에게
갑자기 내가 다시 「몰다우강」이 좋아졌다면
어이없어 어깨를 치며 웃고 말겠지만
웃어도 아름다운 강물은 끝없이 흘러라.
어차피 작은 마을 돌아가는 한강의 지류는
내게는 이제 들리지도 보이지도 않는다.

작곡가는 너무 늙어서 귀가 다 먼 뒤에야
기억의 물소리들을 모아 「몰다우강」을 만들고
수천 년 같이 흐르던 강물의 혼령이 되어
고국의 긴 꿈속에서 깨어나지 않는구나.

(고국을 떠나 살던 체코 지휘자 쿠벨리크가/삼십 년 만인가 귀국해/얼마 전 몰다우강가 노천 연주장에서/눈물 흘리며 스메타나를 연주하고/오랜 감옥 생활에 이력이 난 극작가 하벨은/새 나라의 대통령이 되어/군중 속에 끼여 앉아/그 강의 연주를 조용히 듣고 있었다./배경으로/가는 비가 내리는 것이 보였다.)

밤 노래 6

모르는 것도 아는 척
아는 것도 모르는 척
낮은 담 넘어가듯
한세상을 슬그머니 살고
옆에서 보면 따뜻한
만지면 모질게 차가운.
(검둥이의 피아노나
흰둥이의 콘트라베이스나
노란둥이의 기타까지도.)

생각할 것도 기억할 것도 없이
머리를 작게 생략하고
흉계 꾸밀 손도 없이 발도 없이
질긴 근육으로 온몸을 감고
꿈틀대며 밤을 뒤집는.
(밤에 부는 바람은
두 눈을 긴장시킨다.
바람 안에 나를 감추고 싶다.)

웃을 줄 모르는 눈,
한마디 말도 못 만드는 혀
모멸의 눈총을 받아도
비늘로 번쩍이는 적개심,
침묵의 주위를 살피러 가자.
(흥이 흥을 감는다.
흥이 물이 되어 고인다.
물의 한숨을 들으러 가자.)

한평생을 보러 가자.
흙으로 가슴 매일 문지르며
흙을 안고 흙을 먹는구나.
움직이지도 않은 채
뱀은 흙이 되는구나.
(아무도 모르게 흙이 되는 재즈
새롭고 넓은 밤이 되살아난다.)

항구에서

길고 황망한 객지 생활을 떠나
도착한 나라여.
어느새 저녁이 되어버린 나이에
지척이 어두운 장님이 되고
항구에는 해묵은 파도만 쌓여 있구나.

새벽 출항의 뱃머리들은
이제 다, 잘들 있거라.
고통은, 말 많은 사랑 중에서
사랑이 아니었던 것을
씻어버린다고 했지.

씻기고 찢어진 항해의 뒷길.
바람에 휩싸인 가로등 몇 개만
귀환을 기억해주는구나.
고통만이 희미하게 불빛이 되어
얼굴 없는 사랑을 비춰주고 있구나.

일기, 넋 놓고 살기

1. 아침 여섯 시

고국에서나 외국에서나
술을 좀 마셨거나 책을 읽었거나
내 기상 시간은 변하지 않는다.

세상 밖으로 몰아내는 시계 우는 소리,
오늘인지 어제인지 분간할 수 없는
차가운 바깥이 어둡고 길게 누워서
잡아도 손에 남지 않는 식권을 전해준다.

보아도 아무것도 눈에 남지 않는 시간,
그런 시간에 나는 이불 한 겹을 들고
전라남도 순천에 가서 한잠 자고 싶다.
민틋한 산 중턱에 해가 훨씬 떠오를 때까지.

2. 내 생애는 성공하겠습니까?

딴 도시의 대학 기숙사에 가 있는 둘째는
자기 전공보다 동북아시아의 종교에 더 취해 있다.
고려 말의 큰스님 지눌을 제일 좋아하고
화엄과 참선을 영어 책으로 공부하고 있다.
── 아버지, 안녕하십니까?
　　내 생애는 성공하겠습니까?
조금 배운 한글로 편지를 보내왔다.
인권 변호사가 되어 소수민족을 돕고 싶다는
여자 친구 하나 못 사귀어본 둘째가 보고 싶다.
오늘은 장거리전화라도 해주어야겠다.
너만 좋다면 생애도 성공도 걱정하지 말라고.

3. 오후 네 시 이후

하던 일 잠시 놓고
빛바랜 창밖의 나이를 세어본다.

너무 멀리 떠나 있는
시야를 감아 들인다.
과녁이 보이지 않는
활과 촉은
이미 죽어버린
풍경에 지나지 않는다.

환자를 보다가, 뛰다가
땀에 젖은 내의를 벗어서
남몰래 아래층 서랍 속에 넣는다.
한기가 피곤처럼 몰려와서 말한다.
── 생명은 한 오리 바람결 같다.
돈을 쉽게 벌지는 말기,
땀 흘려 한철의 식단을 마련하기,
때 묻은 재산은 많이 가질 수 없기.

다시 저녁 찬비가
온몸 안으로 내린다.
규칙적인 생활인의

규칙적인 심장이
빗물에 씻겨서 눈을 뜰 수 없다.

죽어서도 비를 맞고 있는
서서 죽은 나무 앞에
죽어서 또 오래 서 있는
팔 벌린 한 남자를 본다.

오늘은 위로받고 싶다.
숨겨오던 이기심이 보인다 해도
나는 할 말이 없다.
저녁나절은 나이 먹은 감기처럼
눅눅하게 젖어서 내게 온다.
— 위로받고 싶다.

4. 밤 열한 시에서 새벽

집 안이 조용하다.

결국 아무도 오지 않았다.
내가 사는 동네가 가라앉는다.
── 해체론, 대화론, 후기구조주의,
　　포스트모던, 디컨스트럭션, 후기
　　데리다, 바흐친, 루카치,
　　이데올로기, 오르기─내리기
　　탈이데올로기, 내리기─오르기
　　탈권력, 통일, 탈통일─
　　탈통일?

밤이 깊어지면 뜨거운 책을 덮고
시원한 달덩이, 탈통일 두 개 떠 있는
라만차에서 만나자.
서울의 달과 평양의 달이
함께 떠서 놀고 있는 빈터,
세계의 먼 곳에서 만나자.
그 땅의 밤은 열려 있어서 밝다.
내 눈이 네 눈에 들어가 쉬고
네 손이 내 가슴이 되어 뛴다.

밤새도 새를 만나서 즐겁고
마른 개도 개를 만나서 기쁘고
사람은 사람을 만나서 그냥 반가운
개포동, 이태원, 청진동, 묵동……
라만차 언덕에서 만나자.

아침이 사방에서 열리면
풍차가 천천히 돌기 시작하겠지.
하루치, 루카치의 햇살은 넉넉하게
온 땅에 속속들이 지절대며 내리고
선이 굵은 올리브나무가 지천으로 서서
언덕마다 고개마다 몰려다니는
선이 약한 올리브나무를 손잡아주겠지.

라만차에서 만나자.
돈키호테는 별을 세다 별이 되어 늦잠을 자고
철갑옷을 입은 채 넘어지고 또 넘어진다.
우리를 밤마다 유혹하는 소리 없는 노래들,
둘시네아 아가씨의 바흐친, 치마 속 흰 살,

아무도 미워하지 않고 의심하지 않는
살아서 걸어 다니는 이 마을 언덕,
아무 만차에서도 만나자.
벌거벗은 이웃, 라만차에서 만나자.

아시시의 감나무

1

내가 그해에 방문했을 때
아시시*의 키 작은 거지는
이승의 새들과 놀고 있었다.
아무도 거두어주지 않은 노을이
사방에서 춤추고 있었다.
이름 없는 늑대 한 마리가
노을을 보면서 노래하고 있었다.
키 작은 거지가 웃으면서
감나무 밑을 지나가고 있었다.

2

개울물은 다음 날 대낮에도
가난만 남기고 떠난다.
좁고 가파른 골목을 채우는
천년 묵은 바람의 겉옷들

내려올 때는 언제나
온몸이 산뜻하게 가벼워진다.
목쉰 감나무들이 무더기로 웃고 있다.
아무것도 가진 것 없는 하늘이
전혀 부끄러워하지를 않는다.

3

그 거지는 돌아가신 내 아버지에게
길고 긴 가난의 예식을 전해주고
길가의 모래알도 한 개 전해주고
저녁의 들판을 지나가고 있었다.
이틀째에도 세상은 예상한 대로였다.
익지 않은 감 한 개가 나무에서 나와
헤픈 웃음을 내 살 속에 넣어주었다.
아프고 쓰라린 선물의 상처가 보였다.
오른쪽 옆구리 가슴 밑에서
세월 지난 아버지의 웃음기가 보였다.

4

깨어나라,
아직 채 잠들지 않은 몸,
모두, 어디서나, 일어나라.
나는 용서받기로 결심했다.

아시시의 새벽안개는
처음 보는 희한한 색깔로 눈뜨고
땅들이 술렁거리는 소리 들린다.
그 위에 몇 마리 새가 웃고 있다.
눈에 익은 새들이 웃고 있다.
날아라, 내 몸!
아직 채 눈 감고 있는 내 몸!

* 아시시Assisi: 프란체스코 성인이 나고 자라고 죽은 이탈리아의 산
  골 마을.

방 1

작은 창문 밖으로
별들의 의도만 보이고
지나간 시간들이 모여 앉아
서로 잡고 놓지 않는다.
티끌 같은 세상이
긴 바람을 미련 없이 떠나보내고.

지난밤에 도착했습니다.
흔들리는 당신의 방에 들어가
작은 등피불을 켰습니다.
주소도 아직 확실치 않은
가벼운 이불 속에 나를 감추고.

방 2

낮은 천장이 경사로 미끄러져
바다 쪽으로 혼들은 빠져나가고
해묵은 밀물 소리 가득한 방에서
상처의 무게를 확인하고 싶었다.

긴 유랑에서 돌아오는 파도가
흰 몸을 열고 다가선다.
"바닷가에 살면서
배가 쉬는 항구가 되고"
하늘의 그림자가 몸 안에서 젖는다.

들리다가 지나가버리는 옛날의 말,
어지러운 어깨에 두 손을 얹는 파도,
방 속을 헤매고 있는 아득하고 깊은 신음.
우리 집 주인은 언제나 잠을 깰지?

영희네 집

1

나같이 어리벙벙한 어느 나라 교포가 되어
인사동 골목에서 '영희네 집'을 찾는 것은
박사 학위 물리학만큼이나 어렵다.
차값도 모르는 지하실 다방에서 혼자 눈치 보며
선생님의 『꿈』이란 시집을 미리 읽다가
꿈이 아닌 생시에 내가 있는 곳을 확인해보고
미친놈같이 싱글거리다가 아가씨 눈치나 보이고
화장실을 변소라고 했다가 다시 눈치 받고 나와서
우물거리며 고서점도 화랑도 기웃거리다가
저녁나절 틈틈이 뚫린 수많은 골목길을 헤매면서
'영희네 집' 저녁상을 찾아가는 일은 어렵다.
그사이 좌판에서 냄새 풍기며 익는 떡볶이도 맛보고
생선 튀김 만드는 아주머니도 넋 없이 바라보다가
겨우 땀 닦으며 찾은 구식 한옥의 문간방 온돌,
따뜻하게 때 묻은 방석에 앉아 미리 기다렸다.
마침 큰 소리 내며 들어서는 영태와 동규, 야!
아담한 저녁상이 들어오고, 나는 술은 소주다,

결국은 멋없는 이름, '썸씽 스페셜'인가로 합쳤지만
그 정도 술맛이라면 이름이 너무 낯설고 어색해.
죽기 전에 몇 번을 더 만날까 궁리를 하다가
네 문학이 어떻고, 내 자식이 어떻고 하다가
이차는 누가 내고 삼차는 어디로 가자고 하다가
어느덧 서울의 오밤중, 혼자 돌아오는 택시 안에서
술김이었겠지만, 갑자기 목이 잠기더군.
몇 번을 더 만나고 우리는 정말 헤어질 것인지.

2

과수원의 사과나무들이 보였다.
초여름의 꽃들이 아침 안개 같았다.
꽃들의 그림자가 나무를 지워버릴 때까지
내 사과나무에도 무진한 꽃을 피우고 싶었다.

그 향기를 맡으며 누군가 꿈꾸어주기를 바랐다.
내가 가지지 못했던 빛나고 흐드러진 꿈,

눈을 뜨고 꿈꾸는 나무가 되고 싶었다.
열매를 거두는 일은 어차피 내 몫이 아닌 다음에야
여름이 가기 전에 꽃잎을 눈부시게 다 뿌리고
세상의 자초지종에 태연하고 싶었다.

서울 가로수

1

1990년 가을, 날씨 좋은 날
동네 이름도 잘 모르는 서울 모퉁이에
나는 한동안 편히 살고 있었다.

때 묻은 플라타너스 잎이
생각난 듯 가지를 떠나
머뭇머뭇 땅 위에 누웠다.
나도 거기에 눕고 싶었다.

그러나 서울 가로수는 냉혈 식물인가.
해마다 눈부신 장식으로 봄을 빛내다가
때가 되면 주저 없이 입던 옷도 벗는다.
두 눈 부릅뜨고 우리를 보는
늙고 지혜로운 선각자처럼.

2

땅에 떨어진 낙엽은
천천히 몸을 비틀면서 마르는구나.
몸속에 남아 있는 목숨의 느린 춤.
낙엽이 세상의 정을 털어버리는구나.
당신을 만나는 길이 어렵게 열리는구나.

3

아직도 먼지 속에 남은 가을볕 위에
서울의 나뭇잎을 편히 눕게 해다오.
매연과 최루탄에 중독되어
눈 감고 입 다물고 있는 서울 가로수.
한정 없이 요동치는 소음과 아우성에
난청이 된 낙엽들이 길을 찾고 있군.
팔 벌린 길가의 가을 나무 몇 그루,
자동차 떼에 밀려서 뼈가 부러지는군.

뼈가 부러져도 죽지 않는 서울 나무여.
눈물 어리게 웃는 것이 보인다.
후회할 것 없는 튼튼한 모습으로
푸르다가, 흔들리다가, 늙다가 하면서
오히려 나를 마음 시리게 하는 나무.
정신없이 살아온 날들이 낙엽으로 진다.
깊은 가을날의 보살이 되어
우리들의 한 일생을 품에 안는다.

다리 위의 풍경

1. 다리 위의 한 사람

두 팔을 벌려요.
두 다리를 올려요.
허리를 굽혀요. 머리를 들어요.
아, 희게. 희고, 또 희게.

가슴을 내려요.
두 팔도, 두 다리도 내려요.
흔들립니다. 내게로 와요.
저녁이 지나간 다리 위에서
물구나무서기, 무너지기.
흐르던 물 잠시 생각에 잠겨
가던 발길 멈추고 섰습니다.

2. 다리 위의 두 사람

가세요. 서 있는 그대,

짝수는 언제나 불안합니다.
그대와 나 사이의 빈 공간,
그대와 나 사이의 빈 시간,
두 사람 사이에 누워 있는 다리,
길 잃은 새들이 공중에 떠 있습니다.
누우세요, 보이지 않는 그대.
편안하게 흐르는 그대.

3. 다리 위의 세 사람

세 사람밖에 보이지 않네요.
그 밖에는 무거운 습기가 되어
땅속으로 가라앉아요.
화가 에드바르 뭉크의 긴 다리도
공포에 질린 몇 개의 얼굴이 되어
섬들 사이로 가라앉아요.
외마디 비명에 물이 갈라지고
하늘은 눈을 감고 주황색이 되네요.

오래 지난 후에도 다리에서 눈 감으면
일찍 죽은 어머니도, 누나도 보이네요. 비명.
피를 토하면서 죽는 광경이 보이네요. 비명.
뭉크의 공포가 푸른색으로 바뀌고 있네요.
모두들 도망갑니다. 발이 묶인 채로
비명의 생명이 또 한 번 뛰어오릅니다.

4. 다리 위의 네 사람

긴 다리의 배경으로는
하느님의 손이 보입니다.

한 쌍의 부부가 이쪽으로 옵니다.
남자는 왼쪽에서 왼쪽 강물을 보고
여자는 오른쪽에서 오른쪽을 봅니다.
살아서 움직이는 석고상이 되어
표정 없이 발을 맞추는 오늘 이 시간,

다른 한 쌍의 부부가 그쪽으로 갑니다.
남자가 보는 다리 위의 강물은 느리고
여자가 보는 강물에는 해가 집니다.
다리의 복판에서 네 사람이 만나는군요.
서로 잠시 고개를 들어 올립니다.
생각을 놓고 시선이 마주칩니다.
옷깃이 스쳐 작은 바람이 일어납니다.
긴 다리가 천천히 따뜻해지고 있습니다.

땅을 치고 통곡하지 않기를 잘했지요.
옷깃 여미고 뒤돌아보세요.
긴 다리의 배경으로 아직도
하느님의 손이 보입니다.

북해

드디어 북해의 안개 속에서 만났다.
에든버러에서 북행 기차로 두 시간,
다시 축축한 시외버스를 타고 도착한
북해의 목소리는 물에 젖어 있었다.
안개와 바람에 싸여 세월을 탕진하고
절벽 앞의 바다는 목이 쉬어 있었다.
춥게 오는 바다의 말은 옷 속에 스미고
주름투성이의 파도는 흰머리를 숙였다.

사방이 깨끗한 조그만 식당 뒤꼍에서
앞치마 두른 처녀애가 들바람같이 웃었다.
세상을 대충 보면서 후회 없이 사는 들꽃,
착해서 눈물 많은 딸 하나 가지고 싶었다.
마을의 들꽃들이 꽃 색을 바꾸는 저녁나절,
목소리 죽이고 노래 하나 부르고 싶었다.
내 딸은 또 말도 없이 웃고 말겠지.

문득 어두운 쪽을 감싸 안는 저 큰 무지개!

그 나라 하늘빛

1

그 나라 하늘빛은 만 길 폭이겠지.
어깨 감싸주던 하늘빛 어디 다 감추고
매연과 소음과 유흥판이 철철이
나라의 마음을 잿빛으로 덮고 있더니.
그러나 나라의 얼굴은 큰 도시만이 아니더군.
내가 길들여진 앳되고 순진한 하늘들은
시골 마당 어느 촌에서도 아직 편안히 보이고
반가운 얼굴들 곳곳에 숨어 살고 있더군.
산채 나물 안주 삼아 마신 남도의 좋은 술,
다음 날 눈부시게 보이던 고운 하늘 얼굴.
고마워라, 그 빛깔 내 눈물 줄에 심어놓았다.
아지랑이 잠재우고 느슨히 일어서는 하늘
남도 쪽 긴 노래가 천 길 산골에 내리데.

2

'고국에 묻히고 싶다'—— 교포 신문의 큰 제목
병고에 시달리는 재미 교포 노인의 호소
그러나 노인은 고국의 땅값을 잊은 모양이지.
수십 년 노동으로 사 놓은 때 절은 그 집 팔아도
고국의 땅을 몇 평이나 살까, 몸이나 눕힐까.
쓸데없는 욕심입니다—— 신문 던져버렸는데
며칠째 그 노인의 누운 사진이 눈에 번진다.

—— 그렇다면 좀 자세히 들어보세요.
시체를 고국에 운반하려면 돈도 많이 들고
시체 출국 수속 절차도 아주 복잡하답니다.
묘지값 비싼 것이야 말할 것도 없겠지요.
그뿐인가, 재산 털어 설사 고국 땅에 묻혀도
어디서 왔느냐고 죽어서도 발길질당할지.
정 돌아가시겠다면 유골로 가는 게 어떠세요.

—— 자네는 내 말을 잘못 알아들었군.

나는 고국의 비싼 땅에 묻히려는 게 아니고
그 나라 푸른 하늘 속에 묻히고 싶다는 말일세.
고국에 비가 오면 나도 같이 젖어서 놀고
비 그치고 무지개 피면 나도 무지개를 타겠지
그 나라 하늘빛에 묻히고 싶다는 말일세.
또 언젠가 깨어나서 그 하늘 한쪽이 된다면
고국의 산천은 언제나 눈앞에 서 있지 않겠는가.
더 이상 사무치지 않아도 되지 않겠는가.
그런데 참, 선생은 그 나라 하늘빛을 아시는가.

3

이제는 가끔 혼자 가는 꿈에서도
이상한 빛이 보이기 시작하네.
땅에서 위로 솟아오르는 빛,
하늘에서 내려오는 빛들의 길.
눈부신 그 빛들 서로 만나서
갑자기 놀라고 반기는 표정도.

루르드나 파티마의 서양 처녀들이 본
그 나라 하늘빛은 기다려주겠지.
그 빛 속에서 깊은 말 들린다는 것
내 귀가 문을 열면 알아들을까.

한 나라의 슬픔도 문을 열면 들린다.
한 사람의 사랑도 문을 열면 보인다.
우리들의 부끄럽고 아득한 길을 다 열면
그 길 끝나는 곳에서 그 나라의 하늘빛이.

해설

투명한 시의 깊은 말
── 마종기의 시집 『그 나라 하늘빛』

김병익
(문학평론가)

 마종기의 시는 밝고 투명하며, 그의 시에 대해 여러 해설자들이 함께 동의하듯이, 쉽고 순진하다. 가령 이 시집의 첫 면에 수록된 「난蘭」부터도 그렇다.

 친구가 생일 선물로 놓고 간/양란洋蘭을 우연히 본다./갈색이든가, 청색이든가,/어제도 우연히 보이고/내일도 우연히 보인다.

 작은 꽃, 큰 꽃, 고운 꽃,/귀여운 꽃, 탐스러운 꽃, 가녀린 꽃 중에서/색깔과 향기와 모양과 표정을 풀고/서 있는 꽃, 앉아 있는 꽃./그 많은 전생의 기억 속에서도/언제부터 이렇게 혼자 있는 꽃.

볼수록 더 조용해지는 꽃./자기도, 나도, 그 사이도 조용해지는/세상의 모든 잊혀짐./몇 달쯤 그 꽃잎에 누워/편안하고 긴 잠을 자고 싶은 꽃.

―「난蘭」 전문

여기에는 어려운 구절도 없고 비튼 표현도 없으며 까다로운 유추를 요하는 대목도 보이지 않는다. 다단한 일상 속에서 무심코 문득 눈에 띄게 된, 친구가 선물한 난초꽃을 새삼 들여다보면서 그 조용함에 젖어, 그 자신도 그렇게 얼마간 조용히 지나고 싶다는 생각을, 이 시는, 조용하게 드러내놓는다. 그의 시들은 이십대의 번뇌 많을 시절에 내놓은 『조용한 개선』과 『두번째 겨울』에서나, 미국으로 건너가 의사로서 정착하면서 황동규·김영태와 함께 묶은 『평균율』에 수록한 시들에서나, 그리고 사십대의 장년기에 쓴 『안 보이는 사랑의 나라』와 『모여서 사는 것이 어디 갈대들뿐이랴』의 시들에서 혹은, 지천명의 경지에 발표하는 이즈음의 시들에서, 한결같이 맑고 환하고 평이하고 따뜻하다. 그러나, 그 마종기적 밝음과 쉬움의 큰 테두리 안에서 그의 시들을 다시 한번 천천히 읽어보면, 우선 보기보다 밝고 쉽지만 않다는 점이 새로이 발견된다. 예로서 아주 쉽게 꺼내놓은 「난蘭」을 다시 읽어보자. 시인은 난초꽃을 들여다보고 있지만,

그래서 그 꽃을 묘사하고 있는 듯 보이지만, 정작, 그 시인이 그려내 보이고 있는 것은 그 꽃 자체가 아니다. 그는 한 송이 난초꽃을, 통해서, 그리고, 넘어서, 여러 색깔의, 여러 모양의 꽃들을, 동시에 본다. 그 꽃들은 꽃 자체이기도 하고 꽃의 모습으로 기억되는, 그리고 앞으로도 만나게 될, 숱한 (사람들의) 얼굴이기도 하다. 꽃의 색깔과 모양에 대한 여러 형용들은 바로 꽃의 그것이기도 하면서, 꽃의 모습으로 화한 얼굴의 은유로 기능하기도 한다. 이 묘사의 이중적 양상은, 첫 연의 "어제도 우연히 보이고/내일도 우연히 보인다"에서, 그리고 둘째 연의 "그 많은 전생의 기억 속에서도/언제부터 이렇게 혼자 있는 꽃"에서 복잡한 심상을 유발하면서, 생명 있는 것들의 설화적 윤회를 연상시킨다. 이 설화의 세계에서는 모든 것이 침묵하고 정화된다. 그 침묵과 정화의 공간 속으로 시인이 빠져드는 것이 이 시의 세번째 연이다. "자기도, 나도, 그 사이도 조용해지는/세상의 모든 잊혀짐." 대상과 자아, 그리고 그 사이의 착잡할 관계마저 침묵으로 망각되는 공간— 시인이 난초에서 발견하는 심상은 이것이다. 그러나 시인은 이 설화의 세계에 안주할 수 없다는 안쓰러움을 문득 우리에게 되돌려준다. 그것은 편안하고 긴 잠을 자고 '싶다'는 욕망을 말하기 때문만은 아니다. 그 '싶음'은 "몇 달쯤"이란 한정사를 머리에 이고 있어서, 그 욕망이 얼마나 가냘픈 꿈으로 일구

어지고 있는가를, 그리고 영원한 인연의 세계로 내달리고 싶은 정서가 현실의 가차 없음에 맥없이 시달려야 하는가를 읽는 우리 마음속에 앙금으로 남겨준다. 그리고 이 시는 "자고 싶은 꽃"으로 끝냄으로써 그 욕망 뒤의 단절적인 허망감을 독자에게 다시 불어넣어준다. 이 시가 보여주고 있는 시적 공간은 밝음 속에 도사린 한없는 어둠, 간명함 속에 숨긴 깊은 착잡함들을, 행복한 꿈을 도둑질하는 절망의 그림자처럼, 안고 있다. 이렇게 읽을 때 마종기 시는, 모두가 그런 것은 아니겠지만 대체로는, 겉보기보다는 음험하고 예상보다는 섬세한 구조로 짜여 있음을 깨닫게 된다. 그는 실제로 사물을 대상으로 바라보기, 혹은 말을 하고 듣기가 표면의 것으로만 그쳐 있는 것이 아님을, 그렇게 되어서는 안 된다는 것을, 「산 안에 또 산이」에서 진술하고 있다.

> 산 안에 또 산이 하나 있구나.
> 눈앞에 보이는 산 안에
> 숨어 사는 산이 있으니
> 산에 오르면 싱싱하게
> 산이 하는 말을 들을 수 있구나.
> 거칠은 산의 피부 안에
> 깊고 부드러운 산 냄새.

물 안에 물이 없으면
우리들이 물 안에 보일 리도 없겠지.
바다에 혼자 나가서도
멀리서 오는 말을 들을 수가 없겠지.

그러니 내 속에 내가 있는 것도 할 수 없겠지.
내 속에 숨어 사는 나보다 작은 목숨,
조용하면 들리는 말소리의 혼.
─「산 안에 또 산이」 전문

 경구 같은, 혹은 선시 같은 이 시는 마종기로 하여금 서구의 전통적인 낭만주의적 세계관을 지닌 시인으로 짐작하게 한다. 현상을 넘어, 현상이 감추고 있는 세계의 진실과 비의를 직관으로, 들어, 알아내는 것, 바로 그런 귀로, 그는 "깊고 부드러운 산 냄새"를 맡고 "멀리서 오는 말"을 듣고 "조용하면 들리는 말소리의 혼"을 깨우친다. 그는, 현상을 파헤쳐 그 속에 숨은 난잡한 세계의 진상을 드러내는 것이 아니라, 눈에 보이는 것들을 뛰어넘어, 혹은 파고들어, 그 뒤 높직이 떠 있는, 또는 깊숙이 묻혀 있는 참된 어떤 것을 짚어낸다. 그럴 때 그는 산에 오르거나 바다에 혼자 나가거나 조용하거나 해야 한다. 그가 맑고 밝은 시의 작자라는 것은 그 겉모습에서가 아니라, 이렇게 세속을 넘고 벗어나, 그가 짚어 우리들에게 보여주고 들려주는 것이 "깊고 부드러운 산 냄새"이며 멀리서 들려오는, 아마도 우주적인 말이고 그 말의 '혼'이기 때문인 데서 오는, 것일 것이다. 우리는 그의 시인으로서의 인상을 그 겉에서가 아니라, 그가 충고한 대로 "조용하면 들리는" 그의 "말소리의 혼"에서 찾아야 할 것이다.

겉으로 보이는 것을 뚫고 혹은 넘어, 보다 깊고 높은 것을 바라봄이라는 마종기의 투시법과 그것의 방법론적인 시 작업은, 물론, 세계에 대한 그의 존재론적인 성찰에서만이 아니라, 그의 현실의 삶에 대한 응시에서도 두드러지게 나타난다. 그렇게 그가 바라보이는 것은 바로 그의 실제 생활의 독특한 조건에 그가 매여 있으며, 그 매여 있음에 대한 그의 괴로움, 아니 외로움이 그의 중요한 시적 모티프가 되어 있다는 점을 환기시켜주는 것이기도 하다. 그는, 다시 상기시키는 바이지만, 미국에서 의사로 일하고 있고 그러면서 시인이다. 모국어를 모르는 아들을 대학에 보내고 밤에는 고국에서 온 한국어 잡지와 책을 읽는다. 그는 일상생활과 생업에서는 영어를 써야 하지만 그의 진정 의미 있는 작업으로 매달리고 있는 시 창작과 독서는 25년 전에 떠난 조국의 말을 가지고 해야 한다. 그는 그 어느 것을 포기하지 못하듯이 그 어떤 것에도 충심으로 전념하도록 허용되지 않는다. 그것은 갈등스럽고, 그의 자신의 삶 전체를 조금은 희극적인 꼴로 생각하게 만든다. 아니, 그 자신의 「일기, 넋 놓고 살기」의 긴 고백을 통해 그의 근황을 직접 들어보자. 하루 일과의 기록으로 써놓고 이 시의 첫 제목은 '아침 여섯 시', "세상 밖으로 몰아내는 시계 우는 소리"로 기상하는 이야기이다. "잡아도 손에 남지 않는 식권을", 그러니까 직장에 나가기 위해 술 때문이든 책 때문이든 늦게 든 잠에서, "차가운 바깥이 어둡고 길게 누"운 이른 시간에 일어나야 한다. 그 피곤함 때문에, 그는 "전라남도 순천에 가서 [……]/민틋한 산 중턱에 해가 훨씬 떠오를 때까지" 늦잠을 자고 싶어 한다. 미국 직장 생활자의 "보아도 아무것도 눈에 남지 않는" 고달픈 삶은 조국의 시골에서의 "한잠"을 그리워하게 만든다. 우리가 겉으로 본 것처럼 미국은 화려하고 안락한 잠을 허용하지 않고 있는 것을 그는 경쾌하게 보여준다. 그다음의 제목 '내 생애는 성공하겠습니까?'는 대학에 들어간 둘째 아들이 보낸 편지 구절이다. 그 아들은 모국어를 이제야 겨우 배워 몇 마디 쓰게 되면서, 아버지-시인에게 자기가 미국에서 정말 성공할 수 있을지 염려스럽게 물어 온 것이다. 그는 동양계 미국인으로서 자기를 길러준 미국을 배우기보다, 엉뚱하게 "고려 말의 큰스님 지눌을 제일 좋아하고/화엄과 참선을 영어 책으로 공부하"며, "인권 변호사가 되어 소수민족을 돕고 싶다는" 희망을 가지고 있다. 전공보다는 한국 불교에 더 관심 두고 장래를 걱정하며 여자 친구 하나 없는 그의 입장은 바로 의사-시인인 아버지의 아이러니를 대물려 짐 지고 있는 것이다. 그 고민을 스스로 겪은 바가 있는 시인은 아들에게 말하려 한다: "너만 좋다면 생애도 성공도 걱정하지 말라고." "환자를 보다가, 뛰다가/땀에 젖은" '오후 네 시 이후', 그는 이제 자신도 나이 들었음("빛바랜 창밖의 나이를 세어본다")을, 그래서 목표도 보이지 않고 죽음이 가까이 다가온 것 같다는 느낌("과녁이 보이지 않는/활과 촉은/이미 죽어버린/풍경")과 생각을 가지게 된다. 그리고 그는, "생명은 한 오리 바람결 같다"는 새삼스러운 깨달음 속에서 과욕을 버려야 한다는 지혜를 확인한다. 우리가 여기서 미국을 바라보는 것과는 달리, 그는 그곳에서 "환자를 보다가, 뛰다가/땀에 젖은 내의를 벗어서/남몰래 아래층 서랍 속에 넣"으며 "한기가 피곤처럼 몰려"오는 고생을 겪고 있는 것이다. "팔 벌린 한 남자"로 십자가의 고난상을 연상시키는 그는, 그래서, "위로받고 싶다"고 깊이 탄식한다. '밤 열한 시에서 새벽'의 시간에, 그는 혼자서 한국의 문학책과 이념서 들을 읽고 있는 것 같다. 그 책들에서 그는 어지러운 이론과 까다로운 주장들에 휘말려 산란스러워지고 그 혼란스러움은 "탈통일"의 역설에 이르는, 돈키호테의 라만차 같은 모국의 현실을 아득히 바라본다. 창밖에는 달이 떠 있다. 거기서 그는 조국의 달을 회상하고 그 땅의 다정함을 떠올린다. 그는 라만차의 희극적인 세계에서, 그러나 실망하는 것이 아니라, 반갑게 돌아가 만나고 싶은 사람들의 나라를 발견한다.

밤이 깊어지면 뜨거운 책을 덮고
시원한 달덩이, 탈통일 두 개 떠 있는
라만차에서 만나자.
—「일기, 넋 놓고 살기」 부분

「일기, 넋 놓고 살기」처럼, 그의 긴 시들은 모두 서사적인 이야기를 갖고 있다. 행갈이를 한 산문체를 이럴 때 자주 쓰는 마종기의 이런 유의 시를, 김현은 『모여서 사는 것이 어디 갈대들뿐이랴』의 해설에서 "수필적 체험의 시"로 부르고 있는데, 그 서사의 내용들인 체험은 대체로 의사로서, 미국 교포로서, 혹은 가족들(앞선 시집들은 특히 아버지에 대한 기억과 추모가 많았는데, 이번 시집은 아들이 자주 등장한다. 그도 이제는 장성한 자식을 둔 아버지가 된 것이다)이 겪은 사적인 체험들이다. 그러나 그의 '사적인' 체험은 그의 사사로운 일상으로 가라앉는 사소한 이야깃거리가 아니라, 의사로서, 재미 교포로서 끈질기게 그의 의식을 갉고 있는 조국에의 새로운 인식으로 확산 혹은 상승하는 체험이다. 「외로운 아들」은 "할아버지가 쓰신 동화"(그 할아버지는 유명한 아동문학가 마해송이다)와 "아비의 못난 시 한 줄"이라도 읽을 수 있기 위해 아버지의 고국으로 온, 미국의 고등학교를 수석 졸업해 "아비도 자랑스럽게" 만든 아들(이 아들은 『안 보이는 사랑의 나라』의 「장난감」에서는 "내 눈웃음은 이제/유일한 내 장난감"이었다가, 『모여서 사는 것이 어디 갈대들뿐이랴』의 「밤 노래 1」에서는 "내가 한국의 시인이 라면/웃지 말라고 피해가는/영어를 잘하는" 그 아들이 다)이 대학생들 시위에 참여하지 않는다고 "욕먹고 돌 팔매를 맞은 후" 입게 되는 상처와 외로움을 시인-아버 지가 되씹으며 달래주고 있는 수필적 심정을 담담하게 고백한다. 그 고백은, 그가 떠났고, 또 돌아가야 할, 그 러고 싶은, 조국으로 열려 있다. 그의 시를 지금 읽고 있 는 나에게 주는 시란 부제가 붙어 있는 「충청도 구름」은 1988년, 올림픽을 피해 몇 달 앞서 귀국했을 때 그와 내 가 삽교방조제에서 시인 안수환이 찍어 보내준 사진을 응시하며 미국에서 곧 귀국한다는 그의 가장 가까운 친 구-시인 황동규의 귀국과 함께 조국에 대한 느낌을 아 무런 가식 없이 잔잔하게 피력한다. 「요즈음의 건강법」 은 피검사의 결과를 보고 섭생법을 강요하는 데 대해 의 사이기 때문에 더 잘 아는 자신의 병은 고국에 돌아가 한국식의(그것도 그가 떠나던 1960년대적인) 소박한 생 활을 누릴 때 자연스레 나을 수 있는 것임을 자신 있게 털어놓는다. 반 고흐에 의탁한 「빈센트의 추억」은 그로 서는 매우 어렵게, 시작 자아를 바꾸어가며 고향을 떠난

화가와 시인 자신의 감정을 이입적 방법으로 동일화시키면서 귀향을 열망하면서도 그러지 못하는 착잡한 심정을 드러내고 있다. 그리고 이 시집의 표제 시인 「그 나라 하늘빛」은 고국에 묻히기를 소망하는 교포 노인의 심정을 절실하게 이해해주고 있다. 아니, 이 시들뿐이 아니다. 「영희네 집」「서울 가로수」에서처럼 서울 거리를 돌아다니고 있을 때는 물론, 체코에서 몰다우 강을 내려다보고 있을 때든(「우화의 강 2」) 등대를 바라보면서든(「우리나라의 등대」) 돌맹이를 들여다보면서든(「강원도의 돌」) 혹은 음악을 들으면서든(「유태인의 목관악기」「스칸디나비아의 음악」) 조국에의 추억은 틈틈이 끼여 들어오고 그의 삶의 방식을 흔들어놓고 그의 미래를 귀향에의 꿈으로 예정시킨다. 그 조국은 "사람이 사람을 죽이는 것을 처음 지켜본", 그리고 "도망하고 뒹굴어 죽고 총 쏘는 아귀 사이에서, 부대 자루에 쌀을 넣고 도망쳤"던, "춥고 무서"운 기억을 안겨주는(「경학원 자리」), "하여튼 사람이 사람을/죽이는"(「유태인의 목관악기」) 그런 나라이다. 그런 참담한 현실은, 더욱 불행하게도, 기억 속에서만이 아니다. 지금도 그렇다.

　세상은 오늘도 가늠하기 어렵고
　죽기 아니면 살기, 살기 아니면 다시 시작하기.

잔잔히 속삭이던 바다는 처음부터 없었지만
—「우리나라의 등대」부분

민중의 노동자가 아니면 매판자본가가 쉽게 되는 시대,
돌팔매질에 앞장서야 광이 나는 한 판과
최루탄 수없이 쏘아대는 딴 극단의 한 판,
그 사이에 보이는 어려운 방정식의 날들을,
고국의 어려운 곡예의 높이를
—「외로운 아들」부분

매연과 최루탄에 중독되어
눈 감고 입 다물고 있는 서울 가로수.
한정 없이 요동치는 소음과 아우성에
난청이 된 낙엽들이 길을 찾고 있군.
팔 벌린 길가의 가을 나무 몇 그루,
자동차 떼에 밀려서 뼈가 부러지는군.
—「서울 가로수」부분

 이런 과거와 현재의 모국은, 그 자신 한일 국교 수립을 반대하는 문인들의 성명에 공군 현역 장교로서 서명했다가 곤욕을 치른 그였기 때문에, 그리고 그의 시들이 검열에서 삭제되는 경험*을 치른 바가 있었기 때문에, 미국에서 안락한 중산층으로 살며 멀리서 바라보는 방관자로서가 아니라 바로 그 자신이 직접 체험한 험난한 현실의 모국이었고, 또 두어 해마다 귀국해서는 직접 목격하거나 미국에서 보고 듣는 한국의 신문·잡지·텔레비전 프로로 확인하는 모습들이었다. 그 모습들은, 비록 "추위와 배고픔으로 겨울의 어느 들판에서 얼어 죽"는다 하더라도, "사상에서도, 사회에서도, 직장에서도, 가정에서도, 공부에서도, 친구에게서도 벗어나려고, 끝까지 혼자 헤매다가 마침내 완전한 자유를 가슴에 넘치게 안고 웃"(「자유주의자」)기 위해 자유를 찾아 그로 하여금 이곳을 떠나게 만든 것들이었다. 그러므로 그가 뜨거운 귀향에의 열망을 품도록 만드는 조국은 그것 아닌 아마도 다른 모습의 모국이기 쉽다. 그러니까 "감자를 깎던"(「빈센트의 추억」), "논두렁 건너, 실개천 근처쯤"(「요즈음의 건강법」) 시골이거나, 아들의 배필로 권하는 "아비가 어릴 적 가슴 조이며 주저하기만 하던/부드럽고 착하던 명륜동, 혜화동의 처녀들"(「외로운 아들」)의 한 세대 전의 우리나라 말이다. 그 나라는 목가적이고 산업화 이전의 자연의 법에 따라 삶을 살 수 있는 나라였다.

* '시인의 말'에도 나오지만, 이 시집에 실린 「유태인의 목관악기」와 「경학원 자리」는 원래 1980년에 간행된 『안 보이는 사랑의 나라』에 수록될 것이었다. 그러나 당시의 검열 때문에 이 두 편은 삭제되었다. 김주연이 쓴 그 시집의 해설에는 이 두 편의 일부가 인용되어 있다.

골짜기마다 안개 같은 물 냄새
매일을 그 물소리로 귀를 닦는
강원도의 그 돌들,
참, 이쁘더군.

세상의 멀고 가까움이 무슨 상관이리.
물속에 누워서 한 백 년,
하늘이나 보면서 구름이나 배우고
돌 같은 눈으로
세상을 보고 싶더군.

참, 이쁘더군,
말끔한 고국의 고운 이마,
십일월에 떠난 강원도의 돌.
―「강원도의 돌」부분

 그러나 그를 끊임없이 생각하게 하고 그가 돌아오고 싶다고 소망하게끔 만드는 고국은 반드시 이런 전 시대의 풍물로 도색된 향수적인 고국만이 아니다. 그것들은 그를 추억에 잠기게 만들고 그리움에 젖도록 하는 것이지만, 그래서 그가 조국으로 돌아가겠다는 것은 아니다. 복고적인 실향감에 젖어 있기에는, 그는 오늘의 한국을 너무 잘 알고 있으며 더구나 그는 고향에 가고 싶어도 갈 수 없게 되어 있는 월남민도 아니다. 그는 갈 수 없기에 가고 싶은 것이 아니라, 언제든 갈 수 있는 곳이기에(그리고 실제로 그는 자주 귀국한다) 가려는 것이고 그곳이 혼란스러운 땅이기에 가고 싶어 한다. 그래서 그는, "해체론, 대화론, 후기구조주의,/포스트모던, 디컨스트럭션, 후기/데리다, 바흐친, 루카치,/이데올로기, 오르기—내리기/탈이데올로기, 내리기—오르기/탈권력, 통일, 탈통일—/탈통일?"로 뒤범벅이 된 그곳, 그래서 돈 키호테의 희극적 고향인 "라만차에서 만나자"고 앞으로를 기약한다.

> 라만차에서 만나자.
> 서울의 달과 평양의 달이
> 함께 떠서 놀고 있는 빈터,
> 세계의 먼 곳에서 만나자.
> 그 땅의 밤은 열려 있어서 밝다.
> 내 눈이 네 눈에 들어가 쉬고
> 네 손이 내 가슴이 되어 뛴다.
> 밤새도 새를 만나서 즐겁고
> 마른 개도 개를 만나서 기쁘고
> 사람은 사람을 만나서 그냥 반가운
> 개포동, 이태원, 청진동, 묵동……

라만차 언덕에서 만나자.

—「일기, 넋 놓고 살기」 부분

그의 고국에의 돌아오고 싶어 함은 이루어질 수 없기에 더욱 간절해지는 꿈으로서가 아니라 실제로 실현 가능한 욕망으로서이다. 그 욕망은, "그 땅의 밤은 열려 있어" 너와 내가 하나가 될 수 있고 인간과 인간이 마치 성서 속의 예언의 땅에서처럼 충분히 화해로울 수 있는 기약의 나라이어서 솟아난다. 아니 기약만이 아니다. 그는 자신의 병을 고칠 수 있는 확실한「요즈음의 건강법」이 있다면, "병원 한 칸 차려놓고/병이야 원래부터 하느님이 고치시는 것,/나는 옆에서 조수 노릇이나 하다가/석양 녘 출출해질 때면 슬그머니 일어나/허름한 술집에 들러 소주 한 병을 까고/아, 기우는 해, 그네 탄 기분으로 흔들리면서/오랫 못 들었던 노랫가락 흥얼대"는 것이라고 구체적인 프로그램으로 제시하고 있기까지 한다. 그는 과거의 조국으로 돌아가려는 불가능한 꿈을 꾸는 것이 아니라 언제고 마음만 먹으면 갈 수 있는 가까운 장래의 계획으로 그의 귀향을 소망하고 있는 것이다.

그런데 여기서 문득 의문이 돋는다. "죽기 아니면 살기"의 이 싸움과 혼란의 땅이 어떻게 "내 눈이 네 눈에 들어가 쉬"는 땅이 되는가.「일기, 넋 놓고 살기」의 한밤중에 바라본 고국에서 갖가지 현란한 이데올로기들이 난

무하는 "탈통일"의 뜨거움을 못 견뎌 하던 시인은 어찌해서 "그 땅의 밤은 열려 있어서 밝다"고 돌연한 심적 전환을 이룩하는가. 이 비약에 대한 설명을 시인은 풀어놓지 않고 있다. 아마도 이 단절은 그의 시를 읽는 독자의 자의적인 해석이 맡아야 할 일일지도 모른다. 이 시를 다시 보아 그 앞의 일들을 다시 추리면, 그가 조국의 현란한 혼란을 읽는 시간은 모자라는 잠에서 피곤하게 깨었고, 낮 동안에는 땀에 젖도록 병원 일을 하고서는 피곤에 젖어, 앞서 자신의 장래를 불안해하는 아들을 격려해주어야겠다고 마음먹었던 것과 어울려 그 자신이 이제 욕심 없는 삶의 길을 다짐하면서 "위로받고 싶다"는 강한 소망을 품었었다는 정황이 나타난다. 그리고 그는 고국에서 온 책들을 밤중에 읽게 되고 그 책들은 그의 머리를 뜨겁게 하는 정황에 이른다. 이 두 정황 사이에,

다시 저녁 찬비가
온몸 안으로 내린다.
규칙적인 생활인의
규칙적인 심장이
빗물에 씻겨서 눈을 뜰 수 없다.

죽어서도 비를 맞고 있는
서서 죽은 나무 앞에

죽어서 또 오래 서 있는

팔 벌린 한 남자를 본다.

—「일기, 넋 놓고 살기」 부분

라는 처참한 자기 인식의 정황이 끼어 있다. 이 연의 앞부분은 달리 뻗대볼 수 없으리만큼 그의 생명의 근원(생활인/심장)을 죄어오는 '규칙적'이란 이름의 폐쇄성과 억업감을 드러낸다. 그리고 뒷부분은 그래서 죽은 존재와 다름없는 자신의 모습을 본다. 그러나 이런 산문적인 풀이로도 다 하지 못한, 보다 중요한 이 시의 계기가 남아 있다. 자신의 죄어 있음을 드러내는 앞부분 5행은 시적 자아의 일인칭적 고백으로 진술되고 있지만, 뒤의 4행은 그 자아를 "팔 벌린 한 남자"로 객체화시켜, 서술한다. 이 시적인 시점의 옮겨감, "나"로부터 "남자"로의 전환은 표면구조로는 단절이지만 심층구조로는 자아의 객관화라는 연속을 이룬다. 단절을 연속으로 등식화시키는 힘은 자신의 고통을 껴안고, 그 고통의 도가니 속으로 녹아드는 것이 아니라 그 위로 뛰어올라, 그것을 범주화시키는 시인의 직관에서 우러나온다. 이 내적인 경험이, 자신의 삶이 죽음의 그것과 그리 다르지 않다는 고통스런 인식을 객관화시키는 내적 도약이, 부정을 긍정으로 바꾸는, 아니 부정적 양상을 긍정적 시각으로 감싸 안는 반전을 가능케 하면서, "해체론"으로부터 "탈통일"에 이르기까지의 현란한 혼란에서 "열려 있어서 밝다"라는 전망을 발견하게 만든다. 마종기는, 고통의 인식에 맞닥뜨리면서, 그 고통의 도가니 자체 속으로 빠지기보다는, 이러한 반전의 과정을 속으로 겪으면서, 그리고 비약하여, 직관으로써 범주화함으로써, 한 차원 높은 곳으로 벗어나버린다. 그래서 그의 시에서는 고통의 도가니 속에서와 같은 싸움이 없고 그 싸움에서 발휘될 정열이 보이지 않으며, 그곳으로부터 벗어나려는 착잡한 변증적 단계가 생략되고 있다. 시인의 그러한 시적 구조는 그의 시를 수채화적인 모습으로 만들기 쉽고 단순한 어사와 전개로 평이하게 읽히게 만든다. 그러나, 직관에 의한 자아의 객관적 범주화라는 내면적이고도 비의적인 심리 과정의 뛰어난 성취를 발견하게 되면, 그의 투명함 속의 깊이를 새로이, 개안적인 시선으로 바라보게 된다. "죽기 아니면 살기"의 땅이 돌연 약속의 땅으로 변하는 시선의 전변이 여기서 이루어지는 한 예가 되겠지만, 이때 이 전변의 표현과 그 전변의 내밀한 과정은 대체로 깊이 속으로 감추이고 생략된 채 직관적인 존재 진술적 구절로 결말을 이룬다. 이렇기 때문에 그의 시들은, 대상에 대한 시인의 내면적 응시의 시들에서는 물론, 수필적 혹은 일상적 체험의 구체적인 서술로 진행되어오던 것들도 그 마지막에는 징후적 혹은 은유적 시구로써 끝나게 된다. 가령 영국의 '북해'를 여행하면서, 안개와 바람과

절벽을 만나고 식당의 명랑한 처녀들의 밝은 표정들을 바라보면서 그 두 모습의 대조적인 아름다움에서 안도감을 느끼던 시인은, "문득 어두운 쪽을 감싸 안는 저 큰 무지개"(「북해」)로 이 시를 결말짓는 것이 그렇다. 현상 혹은 일상을 바라보거나 겪으면서 그 현상과 일상 속으로 미끄러져 들어가는 것은 치열한 싸움을 예상케 하며 그 싸움은 우리의 의식을 험난하게 만든다. 그러나 마종기처럼 그것들의 지금 상황을 뛰어넘어 삶의 긍정적인 징후를 발견하고 싸안을 수 있다면, 그 의식은 아름답고 예감적이다. 그래서 문득 튀어나온 '무지개'라는 이미지는 「그 나라 하늘빛」에서 더욱 절실한 소망의 표현으로 나타난다. 한 교포 노인의 죽어 고국에 묻히고 싶다는 희망은 절차도 까다롭고 경비도 많이 들뿐더러 사람들에게 방치되는 설움을 당한다는 반대를 받고서 이렇게 말한다(이 말은 물론 시인 자신의 변호이다).

——자네는 내 말을 잘못 알아들었군.
나는 고국의 비싼 땅에 묻히려는 게 아니고
그 나라 푸른 하늘 속에 묻히고 싶다는 말일세.
고국에 비가 오면 나도 같이 젖어서 놀고
비 그치고 무지개 피면 나도 무지개를 타겠지
그 나라 하늘빛에 묻히고 싶다는 말일세.
또 언젠가 깨어나서 그 하늘 한쪽이 된다면

고국의 산천은 언제나 눈앞에 서 있지 않겠는가.
—「그 나라 하늘빛」 부분

그 무지개는, 비의, 혹은 예감, 혹은 아우라일 것이다. 다시 말하면,

고통만이 희미하게 불빛이 되어
얼굴 없는 사랑을 비춰주고 있구나.
—「항구에서」 부분

의 '고통 속에서 우러난 얼굴 없는 사랑'과 같은 것이다. 이 사랑을 체득하게 될 때, 「일기, 넋 놓고 살기」의 한밤중에서와 같은 돌연한 변화를 겪게 되며, 「충청도 구름」의 "많이 울었을 테니/짭짤한" 맛을 사랑할 수 있게 되고 「그 나라 하늘빛」의 "눈부신 그 빛들"을 목도하며 끝내 이런 '개안'을 획득하기에 이른다.

한 나라의 슬픔도 문을 열면 들린다.
한 사람의 사랑도 문을 열면 보인다.
우리들의 부끄럽고 아득한 길을 다 열면
그 길 끝나는 곳에서 그 나라의 하늘빛이.
—「그 나라 하늘빛」 부분

문을 열어, 바라보이고 들리는 곳은, 현실적이고 일상적인 차원에서는, 고통과 혼란이 뒤범벅된, 그러나 그의 추억이 살아 있고 그의 꿈이 서려 있는 시인의 모국이겠지만, 보다 깊고 근원적인 그의 존재론적 차원에서는, 고향에서나 경험할 수 있는, 삶과의 따뜻한 화해일 것이다. 그 화해를 그는, "빛나는 기쁨으로 세상에 퍼지는" '바람'(「빈센트의 추억」)으로도, "편안하고도 긴 잠을 자고 싶은" '꽃'(「난蘭」)으로도, "좁고 험한 바닷길을 밝게 보여줄" '등대'(「우리나라의 등대」), 혹은 공포와 불안의 저너머에 "아직도 보이는" '하느님의 손'(「다리 위의 풍경」)의 여러 이미지로 표상하고 있지만, 그에게 가장 자주 쓰이는 것은 '무지개'를 이루는 원소로서의 '물'이다. 이 물은,

[……] 외롭겠지만
마침내 혼자 살기로 결심한 나무.

[……]

큰 가지가 잘려도
오랫동안 느끼지 못하고
       —「그림 그리기 4」 부분

의 늙어 외로워진, 혹은,

> 서서 죽은 나무 앞에
> 죽어서 또 오래 서 있는
> 팔 벌린 한 남자
> ─「일기, 넋 놓고 살기」부분

와 같은, 죽음과 다름없게 되어버린, '나'를 표상하는 굳어진 이미지와는 달리,

> 사람이 사람을 만나 서로 좋아하면
> 두 사람 사이에 물길이 튼다.
> 한쪽이 슬퍼지면 친구도 가슴이 메이고
> 기뻐서 출렁거리면 그 물살은 밝게 빛나서
> 친구의 웃음소리가 강물의 끝에서도 들린다.
> ─「우화의 강 1」부분

의 출렁거리며 기뻐 빛나는 화해와 소통의 물이다. 그리고 그 물은, 일상의 탈출과 억압으로부터의 비상을 표상하는,

> 그 위에 몇 마리 새가 웃고 있다.
> 눈에 익은 새들이 웃고 있다.

> 날아라, 내 몸!
> 아직 채 눈 감고 있는 내 몸!
> ―「아시시의 감나무」 부분

> 그러나 나라보다 더 크고, 넓고, 푸른 곳이라며
> 하늘을 향해 다시 날아오르는 외로운 새처럼.
> ―「외로운 아들」 부분

과 같은, '새'의, 그러나,

> 날개에 묻은 많은 흔적을 씻을 수가 없다.
>
> 이승의 무게를 버리려고 무너지는 새.
> ―「무너지는 새」 부분

처럼, 운명적인 인간으로서 피할 수 없는 좌절을 우리에게 깨우쳐주는 새와는 달리,

> 물이 낮은 곳으로 흐르는 마음도 알 것 같으다.
> 밤새 깨어 있는 물의 신호등,
> 끝내지 않는 물의 말소리도 알 것 같으다.
> ―「변명」* 부분

로써 존재의 지혜를 깨우쳐준다. 그 물은 '구름'으로 '안개'로 '물빛'으로 '무지개' 변주하면서, '강원도의 돌들'을 예쁘게 "귀를 닦"아주기도 하고 "은빛 비늘의 젊은 며루치 떼"를 "연한 물살, 싱싱하게 헤엄치"(「며루치는 국물만 내고 끝장인가」)게 하며, "형제들의 물살과 서로 섞이"어 "엉기고 뒹굴면서 하나가 되"(「늦가을 바다」)게 하는 물이다. 무엇보다 나의 존재를 각성시키는 (눈)물은, '슬픔'을 넘어 '한'을 벗어나, 존재에의 기쁨을 깨우쳐주는 "고마운 마음"이 스며 있는

단순하고 지극한 물
—「성회聖灰 수요일」부분

이다. 삶의 끝에서야 이룰 수 있는 것이어서 이 물은, 우리를 "쓸쓸"하게 한다. 그러나 「물빛 1」에서 뛰어나게 형상화한 것처럼, 물과 하나가 되어 물이 일으키는 지극한 정화의 과정은 끝내, 우리를 대상과 구별 없는 자아의, 자연 혹은 존재와의 지순한 합일을 이룩하게 만든다.

* 김현은 마종기의 『모여서 사는 것이 어디 갈대들뿐이랴』의 해설에서, 시인이 쓴 '장자의 물'이 "편안한 흐르는 물"이어서는 안 된다는, 그것은 "나태의 삶이 아니라 자연의 순리에 거역하지 않는 삶"이어야 한다는 뜻을 시사하고 있다. 마종기의 이 시 「변명」은 자신도 김현의 의견에 처음부터 동의하고 있었음을 늦게 '변명'하고 있는 것은 아닌지.

[……] 냇물에 섞인 나는 물이 되었다고 해도 처음에는 깨끗하지 않겠지요. 흐르면서 또 흐르면서, 생전에 지은 죄를 조금씩 씻어내고, 생전에 맺혀 있던 여한도 씻어내고, 외로웠던 저녁, 슬펐던 앙금들을 한 개씩 씻어내다 보면, 결국에는 욕심 다 벗은 깨끗한 물이 될까요. 정말 깨끗한 물이 될 수 있다면 그때는 내가 당신을 부르겠습니다. [……] 그러면 나는 당신의 몸 안에서 당신이 될 것입니다. 그리고 나는 내가 죽어서 물이 된 것이 전연 쓸쓸한 일이 아닌 것을 비로소 알게 될 것입니다.

─「물빛 1」부분

아아 너와 나와의 하나 됨. 마종기는 이 하나 됨을 향해 기도를 드리고 시를 쓰며, 조국의 하늘을 그리워하고 존재론적 직관을 이 세계로 비춘다. 그래서 그의 언어는 투명하다. 그러나 그 언어의 속은 깊다. "수심이 보이지 않는 당신"(「늦가을 바다」)처럼, 그 속에서 들려오는 "깊은 말"(「그 나라 하늘빛」)처럼!